Studienbriefe
Studium
Seelsorger/in

an der ALH Akademie für ganzheitliche Lebens-
und Heilweisen in Haan

Jörg Anschütz
Studien Nr. 298720

Juli 2008 bis Juni 2009

Seelsorge im Blick

Wege zu mir selbst

Mein Versuch ins Reine zu kommen

Inhaltsverzeichnis

1.0. Ich möchte mich kurz vorstellen

Mein Lebenslauf (Stand Juni 2008)

Ich heiße Jörg Anschütz, bin 43 Jahre alt, bin neuapostolisch geprägter Christ, am 17.07.64 in Bernburg an der Saale geboren und wohne seit nunmehr 31 Jahren in Halle an der Saale. Nach dem Abitur und Grundwehrdienst habe ich ein Physikstudium begonnen und nach 3 Semestern abgebrochen. In dieser Zeit habe ich A... geheiratet und aktiv in der Gemeinde als Unterdiakon, Diakon und Priester ehrenamtlich mitgearbeitet. Beruflich war ich zu dieser Zeit Hauptzusteller bei der Post. Nach dem Fall der innerdeutschen Grenze habe ich 17 Jahre lang ein Taxi und Kurierdienstunternehmen mit 2 Taxen und 2-3 Angestellten geführt. Vor 16 Jahren wurde unsere Ehe nach 7 Jahren geschieden, weil ich mich in eine andere Frau verliebt hatte. Seitdem bin ich auch von meiner Aufgabe als Priester in unserer Gemeinde entbunden. Ich habe dann 10 Jahre mit G... in einer glücklichen Beziehung gelebt. Die täglichen Belastungen des Alltags mit der Sorge um das Auskommen haben unserer Liebe nicht gut getan, so dass wir uns schließlich getrennt haben. Mit beiden Begleiterinnen meines Lebens pflege ich auch heute noch einen freundschaftlichen Kontakt getragen von Sympathie und Wertschätzung. Vor 6 Jahren ist mein Vater mit 57 Jahren an Krebs gestorben. Für meine Mutter meine 3 Geschwister und mich, ein tiefer Einschnitt in unserem Leben. Um meine Mutter und meine jüngeren Geschwister unberührt zu lassen, habe ich Chancen und Risiken des Erbes übernommen, mein Vater war einer der Geschäftsführer eines Ingenieurbüros mit 60 Angestellten, und habe die Aufgabe der Verwaltung der Immobilien dieses Unternehmens bestritten. So ist es mir gelungen, dass meine Mutter und meine Geschwister unbelastet von Schulden und freigestellt von geleisteten Bürgschaften geblieben sind. Vor 2 Jahren musste das Unternehmen Insolvenz anmelden, die Immobilien werden zwangsverwaltet und sicher in den nächsten Jahren zwangsversteigert. Daneben greift nun die übernommene Bürgschaft und wird wohl zur privaten Insolvenz führen. Vor gut einem Jahr lernte ich P... kennen, die mir in dieser schwierigen Lebenslage neben meinem Glauben ein weiterer starker Fels ist, auf dem ich sicher stehen kann. Sie arbeitet in der Onkologie mit krebskranken Patienten und zeigt mir was wirklich wichtig ist: Gottvertrauen und Nächstenliebe. So wie ein unheilbarer Krebskranker lernen muss vom irdischen Leben loszulassen, musste ich lernen materiellen Besitz loszulassen. Lebensumstände die uns erschrecken, aber nicht im innersten erschrecken müssen. Mich haben sie noch näher zu Gott gebracht, ich stehe ständig mit ihm in Kontakt und freue mich, täglich seine Nähe zu spüren und zu erleben, wie er sein Werk baut und vollendet und möchte auch meinen Beitrag dazu leisten. Seit November 2007 besuche ich eine Weiterbildung zum Psychoonkologen, welche im Juni 2008 abgeschlossen sein wird. Dann werde ich in der Lage sein, Krebspatienten und ihre Angehörigen psychoonkologisch zu beraten. Um dieser Aufgabe noch umfassender und besser gerecht werden zu können, möchte ich mir mit diesem Studium das seelsorgerische Handwerkzeug aneignen.

Meine Erfahrungen und Fähigkeiten

Ich habe gelernt, mit besonderen Lebensumständen umzugehen und kann dadurch meinen Nächsten, welcher sich in ähnlicher Lage befindet, gut verstehen. Ich habe durch meine Tätigkeit bei der Post und im Taxi ständig mit anderen Menschen und ihren Lebensgeschichten Kontakt aufgenommen. Meine ehrenamtliche Mitarbeit in der Neuapostolischen Kirche im diakonischen und priesterlichen Dienst umfasste auch die seelsorgerische Betreuung der anvertrauten Gemeindemitglieder. Heute bin ich als Begleiter des zuständigen Priesters bei Seelsorgebesuchen eingesetzt. Mittlerweile habe ich auch gelernt, mein Gegenüber besser wahrzunehmen, ihm mit allen Sinnen „zuzuhören", ihm mit Wertschätzung und Akzeptanz zu begegnen und ihm Empathie entgegenzubringen.

Mein künftiges Arbeitsfeld

Ich möchte meinen Nächsten, welcher sich in einer besonderen Lebenssituation befindet seelsorgerisch befähigt begleiten können. Dabei kann ich mir eine Tätigkeit auf dem Gebiet der Sonderseelsorge z. B. in der Krankenhausseelsorge oder Telefonseelsorge gut vorstellen. Eine Mitarbeit in der Neuapostolischen Kirche und in meiner Gemeinde sind selbstverständlich.

Meine Seelsorge

Ich habe mein „Hamsterrad" abgeschafft und beschäftige mich vorrangig mit dem, was mir Spaß macht. P..., meine Familie und liebe Freunde im Umfeld und der Gemeinde sorgen für meine Seele, sollte Gott mal weniger Zeit für mich haben.

Jörg Anschütz im Juni 2008

2.1. Gottes Selbstkundgabe und die Antwort des Menschen

2.1.1. Die Erfahrbarkeit Gottes in den verschiedenen Formen seiner Selbstkundgabe

Ich möchte dieses Thema aus meiner persönlichen Sicht betrachten und nenne es deshalb:

Mein Gott-Erleben

Ich habe unlängst irgendwo einen Satz gelesen, der für mich auf den Punkt bringt, wie ich Gott erlebe, wie er sich mir kundtut:
„ Gott ist: der Vater über mir, Jesus Christus bei mir und der Heilige Geist in mir."

Gott-Vater erfahre ich als den Schöpfer der Natur, den Täter in der Geschichte, den liebevollen Zuwender zu allen Menschen.
Jesus Christus ist mein Erlöser, mein Mittler zu Gott, mein Heil und mein Seelenbräutigam.
Der Heilige Geist stiftet, fertigt, schafft täglich neu Glauben, Frieden und Freude in mir. Dazu bedient er sich der Heiligen Schrift und der Kirche, um Zeugnis von seiner Schaffenskraft zu geben.

Als Kind bin ich im Glauben und Vertrauen zu Gott erzogen worden und erlebte ihn in meiner Familie durch Gebet, Gesang, Geschichten aus der Bibel und den Besuch der Gottesdienste in der neuapostolischen Gemeinde. Später dann auch in der Sonntagsschule und im Konfirmandenunterricht beim Erlernen der Gebote, der Glaubensgrundlagen, des Glaubensbekenntnisses und des Konfirmationsgelübdes.
Als Jugendlicher wurde ich mir meines Glaubens erst so richtig bewusst und begann ihn zu hinterfragen, indem ich im Gespräch mit anderen und im Streitgespräch mit Gott, Antworten auf meine Fragen suchte. Ich fand sie u.a. in seiner Schöpfung, in der Unendlichkeit des Universums im Kosmos und Mikrokosmos, an dessen Erkenntnis er uns teilhaben lässt, wenn auch nur bruchstückhaft. Gern dringe ich in die Geheimnisse der Natur ein, um sie zu erkennen und zu begreifen. Mein Glauben und Vertrauen zu Gott wird dadurch nicht geschmälert, sondern umso mehr bestärkt. Dabei erwarte ich von der Wissenschaft keine endgültige Antwort, da hinter jeder Erkenntnis neue Fragen auftauchen werden.
Als 25-jähriger junger Mann erlebte ich Gott als Täter in der Geschichte des deutschen Volkes. Was 1987 ganz klein und mit wenigen Teilnehmern bei den Friedensgebeten immer montags in der Nikolaikirche in Leipzig begann, trug

1989 wesentlich mit dazu bei, das die Mauer fiel und das geteilte Deutschland wieder vereint wurde. Gebete machen Geschichte.

Ich war 36 Jahre alt, als mein Vater mit 57 seinen Kampf gegen den Krebs verlor und starb. Wo war die liebevolle Zuwendung Gottes geblieben, schaut er weg, gibt es ihn überhaupt ? Eine quälende Frage an Gott mit ganz neuer Intensität und Beanspruchung meines Vertauens zu Gott. Eine Frage der menschlichen Existenz, meiner Existenz. Antwort fand ich in einem Gottesdienst, wo von Jesus die Rede war , wie er einen Gelähmten heilte (siehe Markus 2, 1-12) . Dieser wurde übers zuvor abgedeckte Dach zu Jesus herabgelassen, damit er geheilt würde. Doch was macht Jesus ? Heilt er ihn von seiner körperlichen Krankheit ? Nein, zunächst nicht. Er vergibt ihm seine Sünden. Warum ? Er sah seinen Glauben und den seiner Freunde. Dann sagte er : Steh auf, denn du bist geheilt. Jetzt wurde es mir klar: Gott wendet sich mir ganz direkt zu. Mein Glauben, mein Vertrauen auf Hilfe wird nicht enttäuscht, denn da ist Jesus. Er vergibt mir meine Sünden und ich bin geheilt, nicht nur für den Augenblick meiner menschlichen Existenz auf Erden, sondern für die Ewigkeit. So auch mein Vater. Trost über den Verlust hinweg fanden meine Familie und ich besonders in der Gemeinschaft der Gläubigen, in der Kirche. Gottes Zuwendung gilt allen Menschen. Es liegt an uns, ihm zu vertrauen, auch wenn er mal abwesend zu sein scheint.

Durch diese u.a. persönliche Ereignisse geprägt, rückt heute Jesus Christus für mich mehr und mehr in den Mittelpunkt. Seine Worte: „Ich bin der Weg, die Wahrheit und das Leben. Niemand kommt zum Vater, denn durch mich." und „ Ich lebe und ihr sollt auch leben." sind für mich die beste Nachricht aller Zeiten und Grund genug dies meinen Mitmenschen freudig mitzuteilen: Du lebst nicht, um zu sterben. Du lebst, um zu leben, ewig zu leben. Welch eine positive Erwartungshaltung und was für Kräfte kann sie freisetzen. Das Wirken Jesu, sein Opfertod am Kreuz, seine Auferstehung und Himmelfahrt und mehr noch, seine Wiederkunft zur Heimholung der Braut, die Errichtung des Friedensreiches und das Gericht führen uns Menschen in ewige Gemeinschaft mit Gott. Wollen wir das ? Wenden wir uns ihm zu, besonders in Jesus Christus. Er schenkt bis heute erlebbar, Taufe mit Wasser und Geist, Vergebung unserer Sünden und innige Gemeinschaft mit ihm im Heiligen Abendmahl. Wo ? In der Kirche, als der Gemeinschaft der Gläubigen an Jesus Christus. Ich erlebe das heute so.

Hier höre ich auch Gottes Wort, so wie die Heilige Schrift es bezeugt. In der Predigt und in der Bibel wird mir die Wirksamkeit des Heiligen Geistes deutlich. Er schafft mit der Benutzung dieser Mittel Glauben, Frieden und Freude. Wirkt und schafft damit auch in mir und allen Menschen die ihm Raum geben.

Was für ein Zeugnis dieser Wirksamkeit gebe ich , geben wir Menschen, gibt die Kirche ab ? Ist es legitim, das unsere Mitmenschen mehr Glauben, Frieden und Freude von uns erwarten können oder ist es Schwärmerei ? Wenn wir ernst machen mit Gott und ihm ganz Raum geben, ist es legitim. Wenn ich ernst mache. Doch wie sieht es aus, mit meiner Einsicht in mein sündhaftes Verhalten, meiner Bereitschaft zur Umkehr , meiner Zuwendung zu Gott ? Wie verhalte ich mich meinen Mitmenschen gegenüber, voller Wertschätzung und Akzeptanz, emphatisch und wohlwollend ? Bin ich vergebungs- und versöhnungsbereit ? Schaffe ich Vertrauen, Frieden, Freude ? Verfalle ich gerade in Schwärmerei ? Nüchtern betrachtet gibt es heute auf der ganzen Strecke noch viel für mich zu tun. Immerhin, ich habe mich auf den Weg gemacht und bin heute auf meinem Weg zu Gott mit reichlich Gott-Erleben.

2.1.2. Der Atheismus als Frage an die Christenheit

Dank fortschreitender wissenschaftlicher Erkenntnisse gelingt es uns Menschen immer besser unsere Welt zu erklären und zu gestalten. So haben uns Kopernikus und Kepler ein neues Weltbild gegeben, Darwin eine neue Sicht auf die Entwicklung des Lebens und Freud auf unser eigenes Bewusstsein. Wir sind mündig geworden, können frei und eigenverantwortlich entscheiden und handeln.
Wozu brauchen wir da noch Gott ?
Der Atheismus welcher die Existenz Gottes verneint, stellt uns weitere religionskritische Fragen:
Haben wir unsere Wünsche und Sehnsüchte an das Leben nicht auf einen Gott projiziert, weil wir Mängel bei der Bewältigung des Lebens nicht realisieren können oder wollen ? Warum sparen wir unsere großen menschlichen Fähigkeiten zu lieben und für andere zu leiden für das „Jenseits" auf , anstatt sie im Diesseits zu benutzen ? (Projektionstheorie L. Feuerbachs)
Warum befreien wir uns nicht von sozialem Elend in der Welt, sondern lassen uns durch das Glück der „jenseitigen" Welt betäuben ? (Revolutionstheorie nach K. Marx)
Sind wir letztendlich nicht auf uns ganz allein gestellt, wenn Gott nicht da ist, ohne Sinn, ohne Halt , gleichgültig was wir im Leben auch tun ? (Theorie des „Übermenschen" F. Nietzsches)
Diesen Fragen will ich mich jeden Tag neu stellen.
Wie sieht es aus mit meiner Fähigkeit meinen Nächsten (z.B. meinen Schwager) zu lieben oder mit ihm zu leiden und damit Gott zu ehren ? Verhalte ich mich nicht oft auch lieblos und ungerecht, weil mir gleiches heute begegnet? Denke ich dabei nicht nur an mich und meine verletzte Eitelkeit und nur daran, es dem anderen heimzuzahlen ? Wenn ja, handle ich so als ob es Gott und sein Gebot der Nächstenliebe nicht gäbe.
Gehöre ich auch zu denen, welche das soziale Elend in der Welt lieber verdrängen, als es zu bekämpfen ? Lasse ich mich vertrösten auf eine glückselige Ewigkeit ? Oder betäube ich meine Sinne lieber gleich mit einem Übermaß an Arbeit, Konsum, Alkohol, Drogen, Sex und anderen Möglichkeiten der Selbstverwirklichung und Lustbefriedigung, so wie meine Nachbarin ?

Fühle ich mich nicht auch überfordert und auf mich allein gestellt in einer Welt, welche sich immer schneller zu drehen scheint ? Denke ich nicht auch: Es hat ja alles sowieso keinen Sinn, gleichgültig was ich tue, ob gut oder schlecht. Keiner da, der es bemerkt und ändern wird sich eh nichts, sowie der junge Mann in der Schlange beim Sozialamt.

Das ist jedoch noch nicht alles, was mir heute begegnet.

Da wir Menschen Gewohnheits- und Herdentiere sind, laufen wir mit dem breiten Strom mit, welche Gott verneinen, welchen er verborgen bleibt, welche ihn nicht kennen oder kennen lernen wollen. Wir vergöttern den Fernseher, lieben unser Auto, lassen uns von der bunten Werbewelt blenden, wollen reich, schön und berühmt werden...

Außerdem fällt es uns schwer, bei der Vielfalt der Religionen und deren Zerstrittenheit über den eigenen Anspruch an absoluter Wahrheit in Lehre und Erkenntnis, eine Entscheidung zu treffen. Mal ganz abgesehen von den vielen Fehlern die gemacht worden sind, besonders in der Christenheit.

Wenn es einen Gott gibt...

warum lässt er dann soviel sinnloses Leiden, das durch die Menschen und durch die Natur verursacht wird, zu ?

wie kann ich da von einem lieben , gütigen oder gerechten Gott sprechen ?

Diese Frage wird immer wieder ganz konkret gestellt: von mir, meiner Lebensgefährtin, den vielen Krebskranken und ihren Angehörigen, die wir psychoonkologisch beratend begleiten.

Warum ?

Wenn ich Gott verneine, kann ich ihm diese Frage nicht stellen und muss mein Schicksal letztendlich ohne ihn bewältigen und mein Leben und Sterben selbst meistern.

Als gottgläubiger Mensch kann ich Gott alles fragen. Er beantwortet alle Fragen. Wir können das nicht. Was wir können, ist Gott glauben und vertrauen. So finden wir Halt und Sinn für unser Leben, welches von Gott gewollt über das Sterben hinaus gehen wird. Seine von Jesus formulierte Aussage steht: „Ich lebe und ihr sollt auch leben." ebenso die Worte: „ und dann werdet ihr mich nichts mehr fragen."

Lassen wir also religionskritische Fragen, heute in Form des Atheismus zu, denn es sind ja auch unsere Fragen und es schadet nicht, sich mit ihnen auseinander zu setzen.

Vielleicht hilft es uns ja, die Warum- Frage nicht auf den Grund sondern auf den Zweck gerichtet zu formulieren.

Wozu ?

Damit schließt sich der Kreis. Gott möchte das wir mündig werden, also frei und eigenverantwortlich entscheiden und handeln. Er möchte, dass wir uns unserer Menschlichkeit bewusst werden, unserer Stärken und Schwächen. Nur so erkennen wir auch unsere Unvollkommenheit. Um Vollkommenheit vor Gott zu erlangen, bedürfen wir also mehr als seiner Gerechtigkeit. Wir bedürfen seiner Gnade. Durch das Opfer seines Sohnes Jesus Christus wird sie uns zuteil. Darin zeigt sich seine Liebe und Güte allen Menschen gegenüber. Nun liegt es an uns, das zu erkennen. Für mich ist damit auch die Frage nach dem Warum? klarer. Er wendet sich uns zu. Wenden wir uns ihm zu ? Unsere freie Entscheidung.

2.2. Schuld und Vergebung

2.2.1. Meine Erfahrungen im Umgang mit Schuld und Vergebung aktiv und passiv

A... und ich, wir haben sehr jung mit 18 bzw. 21 Jahren geheiratet. Unsere Ehe verlief anfangs sehr glücklich und harmonisch. Wir hatten eine sehr intensive Beziehung, zueinander, zu unseren Familien, zu unseren Freunden und auch zu Gott. Unser Tag war gefüllt mit Arbeit, die uns befriedigte und für ein gutes Auskommen sorgte, mit schönen Stunden im Kreis der Familie, wo Freud und Leid geteilt wurde, mit Abendstunden unter Freunden bei Kerzenschein und Rotwein, wo wir uns über Gott und die Welt austauschen konnten und mit unserer freudigen Mitarbeit in der neuapostolischen Gemeinde, wo wir mit ganzem Herzen unseren Platz im Chor , beim Blumenschmuck , in der Mission und Seelsorge ausgefüllt haben. Auch die intime und sexuelle Zuwendung zueinander machte uns glücklich. Es fehlte uns an Nichts.
Wirklich ?
Denn gerade dieser Zustand machte mich immer mehr unzufrieden und vermittelte das Gefühl, etwas vom Leben verpasst zu haben.
A... muss es wohl ähnlich gegangen sein. Doch wir sprachen nicht darüber.
Da traten X… und Y... in unser Leben.
Unser Kontakt war so intensiv, das wir eines Tages die Partner tauschten. Es passierte einfach, ohne Worte , nonverbal, ein Pärchen im Wohnzimmer, eins im Schlafzimmer und wurde schließlich bei jedem Treffen zum unausgesprochenen Ritual über ein halbes Jahr lang.
Ich war glücklich, hatte ich doch gefunden, was mir noch fehlte. Die Befriedigung meiner Begierde nach Abenteuer, Spannung, Neugier, dem Spiel mit dem Feuer.
Schuldgefühle Gott gegenüber konnte ich mit jeder Tat des Ehebruchs immer besser verdrängen, waren doch alle Beteiligten damit einverstanden. Beim ersten Versuch habe ich noch widerstehen können, um beim zweiten umso heftiger jeden Widerstand aufgegeben.
Dann veränderte sich diese Beziehungssituation.
Ich verliebte mich und wollte mehr. X... und ich, wir trafen uns heimlich. Y... wollte außerdem unsere gemeinsamen Treffen nicht mehr und A... fühlte sich vernachlässigt von ihm und schließlich auch von mir, so dass sie mich zu einer Entscheidung drängte, nachdem sie uns bei einem heimlichen Treffen auf frischer Tat ertappt hatte.
Ich entschied mich für X... und zog zuhause aus. A... reichte die Scheidung ein. Y... kämpfte um seine Ehe. X... blieb letztendlich bei ihm.
Unsere Ehe wurde geschieden und damit wurden auch alle anderen Beziehungen empfindlich gestört, die zu unseren Familien, zu unseren Freunden und auch zu

Gott und der Gemeinde, da mit der Scheidung auch meine Entbindung vom priesterlichen Dienst verbunden war.

Das Beziehungsdilemma wurde öffentlich sichtbar.

Wie wurde nun mit Schuld und Vergebung aktiv und passiv umgegangen ?

A... und ich haben in unserer Ehe nicht über alles geredet, besonders was die Gefühle aufkommender Unzufriedenheit betraf.

Wir haben wortlos unsere fehlenden Bedürfnisse beim Partnertausch befriedigt und genauso die Scheidung vollzogen.

Damit sind wir aktiv und passiv einander schuldig geworden.

Es ist uns nicht gelungen alle Gefühle auszusprechen und zu bearbeiten.

Woher ich das so genau weiß ?

Wir haben darüber geredet, nach der Scheidung. Nicht gleich aber 2 Jahre später. Dann haben wir uns vergeben und sind seitdem auch gute Freunde geblieben.

Die Familie war zunächst fassungslos, hat dann aber die Entscheidung mehr oder weniger akzeptiert, nachdem jeder für sich den/die Schuldige/n ausgemacht hatte. Vergebung ist uns auch hier von den meisten zuteil geworden.

Die Freunde haben sich zurückgezogen oder Partei ergriffen. Eine Freundschaft ist bis heute parteiübergreifend erhalten geblieben, weil sie mehr zählte, als die Frage nach der Schuld. Sie hat Schuld und Vergebung begleitet und ausgehalten.

In der Gemeinde wurde unsere Mitarbeit sehr vermisst und unsere Trennung stimmte viele traurig. Besonders weil ich mich komplett zurückgezogen hatte.

A... stellte sich diesem Zustand und wurde von der Gemeinschaft liebevoll getragen. Ich auch, doch bekam ich davon nichts mit, weil ich mich mit Schuldgefühlen beladen nicht mehr in die Kirche traute. Ich hatte mich unglaubwürdig gemacht: Treue gepredigt und Ehebruch begangen. Ich versteckte mich vor Gott und der Gemeinde. Mehr noch: Ich gab Gott die Schuld. Kann denn Liebe Sünde sein ? Schließlich ist Gott die Liebe und ich liebte X... und er hatte dieses Gefühl ja zugelassen und nicht verhindert. So war auch meine Beziehung zu Gott erheblich gestört.

Ich besuchte eine andere Gemeinde, fand Zuwendung und Verständnis und erlebte Gottes Nähe aus der Sicht des Sünders viel intensiver als zuvor. Ich erkannte meine Sündhaftigkeit und gewann Einsicht in die Notwendigkeit zur Buße. Ich kann umkehren, denn Gott wendet sich mir zu. Jesus Christus sein Sohn hat durch seinen Opfertod auch meine Sünden schon bezahlt und mich vor Gott gerechtfertigt. Ich bin von Gott uneingeschränkt anerkannt und geliebt. Mit dieser Freude und Erkenntnis im Herzen fasste ich Mut und besuchte meine Gemeinde. Nun lernte auch ich das Gefühl kennen, von der Gemeinde liebevoll anerkannt und getragen zu werden, auch mit meiner Sündhaftigkeit. Bei dem Vorsteher meiner Gemeinde habe ich dann im Gespräch mein Fehlverhalten, meinen wortlosen spontanen Rückzug aus sämtlichen mir anvertrauten Aufgaben in der Seelsorge und der Chorarbeit , bekannt und um Vergebung gebeten. Diese wurde mir dann auch zuteil. Heute bin ich wieder im Chor und unterstützend bei Seelsorgebesuchen tätig.

Zu X... und Y... habe ich seit der Scheidung keinen Kontakt mehr. Sicher würde ich einem Gespräch nicht ausweichen, wenn es sich ergibt. Ich weiß von A..., dass sie sich mit beiden schon aussprechen konnte und alte Feindseligkeiten begraben worden sind. Ich war lange in meiner Eitelkeit gekränkt, hatte ich doch A... verlassen und X... dann doch nicht bekommen. Vor lauter Liebeskummer und Selbstmitleid habe ich mich lange vor der Realität versteckt, so wie zuvor auch schon beschrieben. Heute habe ich diese Gefühle verarbeitet und empfinde keine Schmerzen und auch keinen Groll mehr. Vielmehr bin ich offen und freue mich, wenn sich die Möglichkeit zum Reden miteinander bietet.

Zusammenfassend kann ich heute sagen: Ständig miteinander zu kommunizieren sich diesem andauernden Prozess der Verständigung miteinander zu öffnen, ist der beste Garant für funktionierende Beziehungen, Beziehungen zu Gott, zum Nächsten und zu mir selbst.

Oder mit Jesu Worten gesagt: Liebe Gott über alles und deinen Nächsten wie dich selbst.

Gottes Gebot zur Vermeidung von Schuld, welche ja Ausdruck einer gestörten Beziehung ist.

2.2.2. Rechtfertigung des Menschen im Alten und Neuen Testament

Altes Testament (Alter Bund)

Gott sieht den Glauben Abrahams an sein Versprechen, dass seine Nachkommen so zahlreich wie die Sterne am Himmel sein werden. Gottes Urteil lautet: Aufgrund seines Glaubens ist Abraham gerecht. Dann macht er einen Bund mit ihm und verheißt ihm und seinen Nachkommen das Land Kanaan. Gott schenkt in diesem Bund Leben und Lebensraum. Gerecht ist wer zu diesem Bund und seiner Ordnung steht, somit im rechten Beziehungsverhältnis zu Gott, seinem Nächsten und sich selbst. Um dieses Verhältnis vor Störungen zu bewahren gibt Gott die Gebote. Liebe Gott über alles. Liebe Deinen Nächsten wie Dich selbst. Der Glauben des Menschen seine Existenz durch eigene Einsicht und Kraft, ohne Gott, meistern zu können, bedeutet Abwendung von Gott und Unglauben Gott gegenüber. Das Beziehungsverhältnis ist gestört. Der Mensch wird schuldig, fällt in Sünde und zieht die Verurteilung(Rechtfertigung) Gottes auf sich.

Gott verheißt in seiner Liebe einen neuen Bund.

Neues Testament (Neuer Bund)

Jesus findet unter den Frommen (denen die zum Bund und seiner Ordnung stehen) viel Selbstgerechtigkeit vor, kritisiert sie und wendet sich den Sündern zu. Jesus verkündigt damit eine neue Gerechtigkeit: Gott nimmt jeden Menschen an, auch den Gottlosen, den Sünder. Das erwartet er auch von den Menschen untereinander, siehe im Gleichnis vom verlorenen Sohn. Jesus erinnert an die Gebote des alten Bundes und fasst sie zusammen: Liebe Gott über alles und deinen Nächsten wie dich selbst. Bedeutet für Jesus auch: Liebe deine Feinde, bete für die, die dich verfolgen. Gott rechtfertigt uns, wir brauchen uns nicht selbst zu rechtfertigen, unser Leben nicht selbst zu leisten. Wir Menschen sind von Gott uneingeschränkt geliebt und anerkannt. Wir alle bekommen Leben und Lebensraum geschenkt. Unsere Schulden (Sünden) sind restlos durch den Opfertod Jesu Christi getilgt. Unsere Rechtfertigung (Verurteilung) erfolgt allein durch unseren Glauben an Jesus Christus und sein Opfer. Er ist gleichsam für uns Karfreitag am Kreuz gestorben und Ostern wieder auferstanden zum ewigen Leben. In der Taufe findet diese Verurteilung zum Tod und Auferstehung zum Leben sicht- und erlebbar statt. Unsere Sünden werden abgewaschen, das Beziehungsverhältnis wird wieder zurecht gerückt. Unser andauernder Rückfall in die Sünde auch nach der Taufe , bedarf ständiger Buße(Umkehr) unsererseits und Vergebung der Sünden und der Feier des Abendmahls, dem Erleben von Jesu Nähe seinerseits.

Im alten wie im neuen Bund kann sich der Mensch auf Gott verlassen, ihm vertrauen, ihm glauben. Seine Zuwendung zum Menschen ist immer gegeben. Der Mensch hat die Wahl. Zuwendung zu Gott, zum Nächsten, zu sich selbst oder Abwendung von Gott, vom Nächsten , von sich selbst. Der Versuch sich selbst der Nächste zu sein, bedeutet Abwendung, bedeutet Misstrauen, bedeutet Unglauben und ist zum Scheitern verurteilt, weil Gottes Liebe und Gnade schon dazwischen steht und selbst vor Gottes Gericht wirken kann.

2.2.3. Rechtfertigung für Luther und die röm.-kath. Kirche

Luther sucht voller Verzweiflung den gnädigen Gott, besonders unter dem Eindruck des von der röm.-kath. Kirche vermittelten strafenden Gottes, der z.B. durch den Kauf von Ablassbriefen vor dem Fegefeuer bewahrt. Luther sieht seine Sündhaftigkeit und seine Verdammtheit zum ewigen Tod, da er weiß, dass seine unvollkommene Tat ihn vor Gott nicht gerecht machen kann. Schließlich kommt er zu der Erkenntnis, die ihn vor Freude täglich neu selig macht:
Allein Christus, allein aus Gnade, allein durch das Wort, allein im Glauben.
Eine aus Sicht des Menschen passive Form zur Erlangung der Gerechtigkeit vor Gott.
Bisher galt aus Sicht der röm.-kath. Kirche:
Allein durch Werke, durch das Halten der Gebote und des Gesetzes.
Eine aus Sicht des Menschen aktive Form zur Erlangung der Gerechtigkeit vor Gott.
Damit wiederholt Luther was schon Paulus erkannte:
Nicht im Gesetz, sondern im Evangelium wird Gottes Gerechtigkeit offenbar, weil Gott uns gerechter Weise aufgrund unserer Sündhaftigkeit, unserer

gestörten Beziehungen zu ihm, unserem Nächsten, zu uns selbst zum Tode verurteilt. Uns aber nicht in dieser selbstverschuldeten Beziehungslosigkeit lässt, sondern rechtfertigt durch Christus, der unsere Sünden durch sein Opfer getilgt hat. Wir sind gerechtfertigt, ohne eigenes Tun.
Darin liegt das Spannungsfeld: Tragen unsere Werke zur Gerechtigkeit vor Gott bei ?
Glaube ohne Werke ist tot.
Für Luther kommen diese Werke aus der Freude über die Rechtfertigung im Evangelium. Rechtfertigung erzeugt Werke.
Für die röm.-kath. Kirche sind sie Früchte des Glaubens im Prozess der Zuwendung zu Gott, der Heiligung. Hier gehören Rechtfertigung durch Gott und Heiligung durch den Menschen zusammen.
Diese unterschiedlichen Sichtweisen gab es auch schon bei den Christen der Urkirche.
Betrachtung des Zusammenhangs von Rechtfertigung und Werken/Heiligung aus verschiedenen Blickwinkeln bedingen unterschiedliche Sichtweisen, das ist einfach eine Tatsache. Aber kein Grund, länger darüber zu streiten.
Gott gab uns die Gebote und schenkte uns das Evangelium. Um die Gebote zu erfüllen, bedarf es unserer Aktivität. Das Geschenk des Evangeliums haben wir voll Passivität ohne eigenes Zutun empfangen. Aktiv wollen wir täglich Gott loben und tatkräftig dankbar sein.

2.2.4. Sünde- humanwissenschaftlich und biblisch betrachtet

Die Humanwissenschaftler sprechen nicht von Sünde, sondern von Schuld.
Schuld im Sinne von etwas tun sollen und nicht getan haben, eine Verpflichtung zum Handeln, welches beim Unterlassen Unrecht ist und Folgen nach sich zieht. Schuld ist der Verstoß gegen eine gegebene Norm. Normen sind vom Menschen im Laufe der Zeit aufgestellte moralische und gesetzliche Verpflichtungen, welche das Zusammenleben, die grundlegenden Beziehungen regeln sollen. Dieses Beziehungsverständnis ist weltweit sehr unterschiedlich und zudem dem Wandel der Beziehungen unterworfen. Allen Menschen gemeinsam sind nur sehr wenige Regeln, wie z.B. der Schutz des Lebens.
Schuld ist Ausdruck einer gestörten Beziehung.
Der Mensch ist nur denkbar in Beziehung zu sich selbst, zu seinem Nächsten , zur Gesellschaft und zu seiner Umwelt, in welcher auch Gott sich mitteilt.
Sünde ist das theologische, biblische Verständnis von Schuld, die gestörte Beziehung zwischen Gott und Mensch, die Abwendung des Menschen von Gott, sein Versuch sich selbst der Nächste zu sein. Mit dieser Beziehungsverschlossenheit handelt der Mensch eigensüchtig und somit lieblos gegen sich selbst, seinen Nächsten, die Gesellschaft, die Umwelt und Gott. Er schädigt sich und sein Beziehungsumfeld.

Der Schaden der entsteht ist Sünde Gott gegenüber, moralische Schuld seinen Mitmenschen gegenüber und unbewusste neurotische, sowie existenzielle Schuld sich selbst gegenüber.

Das führt zu Spannungen, Verletzungen, Verdrängungen, Isolation, Handlungsunfähigkeit und damit zu weiterem Schaden und somit in die Gefangenschaft der Schulden/Sündenlast.

Verschlossenheit wird mit Gefangenschaft in der Vergangenheit bestraft. Offenheit und Akzeptanz heute schaffen Freiheit für die Zukunft. Umkehr von der Eigensucht des Menschen zur Liebe Gottes. Diese schafft Versöhnung und Vergebung, führt vom Tod zum Leben.

Die Lösung für uns Menschen lautet: Offenheit für Gottes Zuwendung und Akzeptanz seines Beziehungsverständnisses: Liebe Gott über alles und deinen Nächsten wie Dich selbst.

Dieses Verständnis, was die Bibel bezeugt ist im Unterschied zu dem der Humanwissenschaft universell und unwandelbar, da göttlich und nicht menschlich.

2.2.5. Die verschiedenen Ich- Zustände in der Transaktionsanalyse

Jeder Mensch vereint in sich drei Ich-Zustände, welche ständig miteinander und den Ich-Zuständen der Mitmenschen kommunizieren.

Diese sind nicht ständig gleich, sondern verändern sich von Zeit zu Zeit in der Gewichtung.

Mit anderen Worten unser inneres Parlament geht je nach Situation verschiedene Bündnisse ein, wobei die 3 Parteien die sich dann bilden unterschiedlich stark zur Geltung kommen.

Es findet ein innerer Dialog zwischen Kindheits-Ich, Eltern-Ich und Erwachsenen-Ich statt.

Mein Verhalten in der Kindheit ist ausgesetzt den Eindrücken elterlicher Fürsorge und Erziehung, sowie den eigens gemachten Erfahrungen meines Erwachsenseins.

Der unbesorgte, phantasievolle und fröhliche Jörg, welcher sich ganz seinem Spiel mit dem Kaufmannsladen widmete, der vorsichtig und ängstlich auf andere zuging, so wie er seine Mutter bei der Fürsorge für ihr erstes Kind, den lieben Jörg erlebt hatte, der geprägt wurde von seinem Vater als Vorbild im Umgang mit den Mitmenschen und dem Befolgen der göttlichen Gebote und der im Fortgang seines Lebens erfahren hat, wie schwer es ist gottwohlgefällig(heißt elternwohlgefällig) zu leben, der autonom und eigenverantwortlich entschieden hat, phantasievoll fröhlich, bedacht, mutig, offen seinen Mitmenschen zu begegnen und der gottzugewandt vertraut und glaubt, voller Freude von Gott so anerkannt zu sein, wie er ist, auch mit seinen Unvollkommenheiten.

Neben diesem inneren Dialog meiner Ich-Zustände findet auch der Dialog mit den Ich-Zuständen meines Gegenübers statt, die Transaktion.
Hier besteht dann die Möglichkeit, das der liebe Jörg die für ihn sorgende Mutter erreicht, um sich Streicheleinheiten abzuholen. Es kann aber auch schief gehen, wenn die realistisch denkende Mutter erkannt hat, ihr Sohn kann selbst für sich sorgen und damit gleichzeitig den Versuch seines Manipulationsspiels durchkreuzt.
Über die Kenntnis meiner Ich-Zustände, deren Form der Transaktion mit dem Nächsten und die Anwendung der Elemente der Transaktionsanalyse erfahre ich, wer ich bin und was mich mit meinem Nächsten verbindet. So wird kommunizieren verständlicher und dieser ständige Prozess der Verständigung mit sich und miteinander auch klarer, besonders mit Blick auf Gottes Beziehungsverständnis von Zuwendung und Akzeptanz.

2.3. Mitte und Fundament der Kirche

2.3.1. Verlauf und Gestaltung des Gottesdienstes

Ich möchte an dieser Stelle einen Gottesdienst in der neuapostolischen Kirche beschreiben:

Ähnlich wie in den anderen Konfessionen auch gliedert er sich in die 4 Abschnitte

Vorbereitung, Begrüßung
Wortverkündigung durch die Predigt
Sakramentserleben bei der Abendmahlsfeier
Verabschiedung, Entlassung

Die Gottesdienstteilnehmer werden beim Betreten der Kirche persönlich von den Diakonen begrüßt und nutzen die Zeit bis zum Predigtbeginn mit Gebet, innerer Einkehr und Besinnung, dem Lauschen von Orgelmusik und Chorgesang, sowie Momenten der Stille. Beim gemeinsamen Gesang eines Liedes aus dem Gesangbuch betreten die Priester den Altar. Der dienstleitende Amtsträger spricht ein gemeinsames Gebet, was er in dem Namen Gottes des Vaters, des Sohnes und des Heiligen Geistes beginnt. Dann liest er ein Wort aus der Bibel vor, was als Grundlage für seine Predigt dient. Dieses entnimmt er den Leitgedanken, welche entsprechend dem Kirchenjahr weltweit einheitlich vom Apostelkollegium erarbeitet worden sind und als roter Faden hilfreich und begleitend durch die Wortverkündigung führen.
Diese wird umrahmt von Chor- oder Gemeindegesang. Auch die Kinder oder Instrumentalgruppen beteiligen sich daran. Die Predigt erfolgt in freier Rede, wobei sich der Priester die Wirksamkeit des Heiligen Geistes ständig bewusst macht und die Gedanken äußert, die entsprechend der Situation in der zuhörenden und nach Gottes Wort verlangenden, freudigen oder trostsuchenden, fragenden oder zweifelnden, wachen oder auch müden Gemeinde bewegt werden. Somit ist die Predigt ein gegenseitiges Geben und Nehmen. Wobei sich Prediger und Zuhörer durchaus bewusst sind, das Gottes Wort durch Menschen Mund verkündigt wird und somit menschlich durchdrungen aber damit auch menschlich verständlich bleibt. Die Predigt erfolgt durch 1-3 Priester mit ihren Wortbeiträgen.
Den Höhepunkt des Gottesdienstes bildet die Feier des Sakraments des Heiligen Abendmahls.
Diese wird entsprechend mit Worten über die Größe und Bedeutung, die Rolle Jesu , die des Menschen und seiner Haltung und Einstellung Gott und dem Nächsten gegenüber vorbereitet.
Nach einem feierlichen Moment der inneren Einkehr, der durch Musik, Gesang ,Worte oder Stille gestaltet werden kann, sprechen die Versammelten

gemeinsam und sich jedes Wortes zutiefst bewusst das Unser Vater (Vaterunser) . Dann empfangen alle Beteiligten die Freisprache von ihren Sünden, welche der Priester im Namen Jesu und beauftragt durch den Apostel ausspricht: Im Namen Jesu Christi und im Auftrag des Apostels verkündige ich: Dir sind Deine Sünden vergeben. Dann wird dem dreieinigen Gott Lob und Dank für seine Taten an uns Menschen entgegengebracht, besonders für das Wirken, den Opfertod und die Auferstehung Jesu Christi, die Zusage der Wirksamkeit des Heiligen Geistes bis zu seinem Wiederkommen, verbunden mit der Bitte um baldiges Geschehen. Die Opfer aus der Gemeinde werden dem Segen Gottes anheim gestellt auch mit der Bitte um Segen für den Opfernden. Nun erfolgt die Aussonderung von Brot und Wein zum Abendmahl mit den Worten: Das ist mein Leib für Euch gebrochen und das ist mein Blut für Euch vergossen zur Vergebung der Sünden. Solches tut, sooft ihr es genießt zu meinem Gedächtnis, bis das ich wiederkomme. Amen. Dazu werden zuvor die Abendmahlsgefäße welche auf dem Altar stehen und die Hostien, welche 3 Tropfen Wein enthalten von den begleitenden Priestern geöffnet. Jetzt erfolgt die Austeilung, wo alle Verlangenden die Möglichkeit haben unter Begleitung von Gemeindegesang und Orgelspiel sich auf den Weg zum Altar zu machen, um dort die Hostie aus der Hand der Priester zu empfangen mit den Worten: Das ist der Leib und das Blut Jesu für Dich gegeben. Der Empfang in die übereinandergelegten Hände wird mit: Amen. bestätigt. Am Platz erfolgt ein stilles Gebet des Einzelnen. Dafür wird genügend Zeit zur stillen Andacht eingeräumt, um auch einen entsprechenden Nachklang dieses Höhepunktes im Gottesdiensterleben zu ermöglichen.

Nach einem gemeinsamen Dankgebet gesprochen vom dienstleitenden Priester und dem anschließenden dreifachen Segen: Die Gnade unseres Herrn Jesus Christus, die Liebe Gottes und die Gemeinschaft des Heiligen Geistes sei mit Euch allen. stimmt die ganze Gemeinde in ein gesungenes 3-faches Amen ein, was von der Orgel begleitet wird und ist damit ausgerüstet in den Alltag entlassen. Es besteht die Möglichkeit den Gottesdienst mit Chorgesang oder Instrumentalspiel oder dem Gesang der Kinder ausklingen zu lassen, das Gespräch mit den Seelsorgern und den Gemeindemitgliedern zu suchen oder z.B. in einem anschließenden Brunch Gedanken auszutauschen und auch in dieser Form Gemeinschaft zu pflegen.

2.3.2. Gestaltung des Gottesdienstes, was gefällt mir, was nicht und warum

Ich möchte auch an dieser Stelle bei der Gottesdienstgestaltung in der neuapostolischen Kirche bleiben und meine Eindrücke von Gottesdienstbesuchen in der Evangelischen und Katholischen Kirche mit einbeziehen.

Von der Grundstruktur sind ja alle Gottesdienste ähnlich aufgebaut:

Vorbereitung, Begrüßung, Einmarsch
Wortverkündigung durch Predigt, Bibellesungen
Sakramentserleben bei der Abendmahlsfeier, Eucharistie
Verabschiedung, Entlassung, Segen

Ich fühle mich in Gottesdiensten heimisch, wo Wort und Sakrament ausgeglichen sind, wo eine feierliche Atmosphäre herrscht und wo alle Beteiligten mit einbezogen sind.
Darum ist mir die Liturgie mit ihren vielfältigen Gestaltungsmöglichkeiten sehr wichtig, wobei die einzelnen Elemente ruhig auch immer wieder unterschiedlich betont werden sollten. Es sollte aber nicht nur Wortverkündigung oder nur Eucharistiefeier sein. In der Neuapostolischen Kirche (NAK) wurde auch lange Zeit ähnlich wie in der Evangelischen Kirche (EK) die Wortverkündigung in den Mittelpunkt gestellt, das Abendmahl nicht in jedem Gottesdienst gefeiert und andere Elemente der Liturgie waren ganz in Vergessenheit geraten. Die Katholische Kirche (KK) hat viele liturgische Elemente bewahrt. Eine alleinige Praxis der Einforderung und Darbringung von Opfern und des Ablasses zur Rechtfertigung vor Gott und deren Missbrauch haben ihr allerdings sehr geschadet und das Opfer Jesu für die Menschen in der Eucharistiefeier nicht mehr ins Gedächtnis gerufen. Dafür aber die Notwendigkeit zur Buße, Umkehr und Versöhnung mit Gott und den Menschen gefördert.
Meiner Meinung nach bedarf es einer Hochhaltung der Taten Jesu und damit Gottes an uns, durch Wort und Sakrament, aber auch unserer Umkehr, Buße und Versöhnlichkeit dem Nächsten und damit Gott gegenüber, wobei wir uns der Zuwendung Gottes immer gewiss sein können. In der NAK bildet die Abendmahlsfeier mittlerweile in jedem Gottesdienst den Höhepunkt, wenn auch nicht immer bewusst und ausreichend und ausschöpfend genug begangen. Es fehlt noch an der Ausschöpfung der vielfältigen liturgischen Möglichkeiten.
So fehlt mir eine bewusstere Einsicht und Reue in begangene Fehler des Einzelnen und der Kirche insgesamt, also die Möglichkeit der Buße in liturgischer Gestalt z.B. in Bußgebeten oder in den verschiedenen Formen der Beichte, was ja auch in EK und KK immer weniger wahrgenommen wird, aber liturgisch möglich ist. Auch würde ich mir noch eine größere Einbeziehung aller Gottesdienstteilnehmer in Gestaltung und Verlauf wünschen, was mir in KK und EK besonders positiv aufgefallen ist, auch unter Einbeziehung aller menschlichen Sinne. Was ich in der NAK besonders vermisse ist der Friedensgruß, weil er durch Zuwendung, Blickkontakt und Berührung Liebe, Vergebung und Versöhnlichkeit dem Nächsten gegenüber zum Ausdruck bringt. Für mich eine Möglichkeit das auszudrücken und weiterzugeben, was ich zuvor von Gott empfangen habe: Zuwendung und Vergebung.
Gottesdienst sollte also immer fliesend und nie starr sein, in Bewegung sein und Bewegung auslösen. Wir sollten dafür offen sein und bereit auch Neues zu

wagen und voneinander zu lernen und wir sollten alles daran setzen damit das Mahl was Jesus gestiftet hat, wieder ein Gemeinschaftsmahl aller Christen wird, eins im Blick auf Jesus Christus und versöhnt im Blick aufeinander trotz aller Verschiedenheit und Vielfältigkeit unserer Sichtweisen. Darum hat Jesus einst im hohepriesterlichen Gebet gebetet und mit Gott wird es auch möglich sein.

2.3.3. Zahl, Heilsnotwendigkeit und Wirkweise der Sakramente

Es gibt folgende Sakramente:

Taufe
Firmung, Versiegelung, Konfirmation,
Eucharistie, Abendmahl
Buße, Beichte
Krankensalbung
Weihe, Ordination
Ehe, Segen

In der katholischen Kirche gibt es die jeweils zuerst genannten 7 Sakramente. In der evangelischen Kirche sind Taufe und Abendmahl eindeutig Sakramente. In der neuapostolischen Kirche gibt es die 3 Sakramente Taufe, Versiegelung, Abendmahl.

Jesus Christus ist das Ursakrament und heilsnotwendig. Er bezeugt uns : Ich bin der Weg, die Wahrheit und das Leben. Niemand kommt zum Vater, denn durch mich.
Er hat sich von Johannes dem Täufer taufen lassen und der Heilige Geist kam auf ihn. Er gab seinen Jüngern den Auftrag: Geht zu allen Völkern und macht sie zu Jüngern. Tauft sie im Namen des Vaters, des Sohnes und des Heiligen Geistes.
Er feierte mit seinen Jüngern das Abendmahl, gab ihnen Brot und Wein mit den Worten: Das ist mein Leib und das ist mein Blut für Euch gegeben zur Vergebung der Sünden. Tut dies zu meinem Gedächtnis.
Er begann sein Wirken mit den Worten: Tut Buße, denn das Himmelreich ist nahe.
Er ging zu den Kranken, sprach mit ihnen und berührte sie und sie wurden gesund.
Er sendet seine 12 Jünger ausgestattet mit Vollmachten aus, ebenso Petrus und weitere 72.
Er beantwortet Fragen zu Ehe und Ehescheidung. Er segnet u.a. die Kinder.

Jesus hat durch sein Handeln Zeichen gesetzt und uns dazu aufgefordert, ihm zu glauben und gleiches zu tun. Wenn wir uns ihm zuwenden und uns ganz auf ihn

verlassen, werden und sind wir durch ihn heil für die ewige Gemeinschaft mit Gott.
Durch Jesus erkennen wir, wie unser Heil geschehen kann. Es ist für uns greifbar geworden in den Sakramenten. Sie sind die notwendigen Schritte auf unserem Weg zum Heil. Entscheidend ist dabei unser Bemühen, nicht das Erreichen einer festgelegten Schrittzahl. Das belegen uns Jesu Worte für einen der Verbrecher am Kreuz, der sich ihm bittend zugewandt hatte, sowie sein Gleichnis von den Arbeitern im Weinberg. Der Verbrecher hatte erst zwei Schritte gemacht, den der Einsicht in seine Verbrechen und den der ehrfürchtigen Zuwendung zu Gottes Sohn den er in Jesus erkannte. Die Arbeiter mühten sich unterschiedlich lange. Alle bekamen den gleichen Lohn, Gemeinschaft mit Gott im Paradies, im Himmelreich.

Viele Menschen haben sich schon auf den Weg gemacht, so auch viele Christen und damit auch genauso viele Standorte erreicht und sehen gemeinsam auf Jesus Christus, für mich verständlicherweise jeder von seinem Standort aus, aus seinem Blickwinkel , mit seiner Sichtweise. Das diese dann auch sehr unterschiedlich ist , für mich eine selbstverständliche Tatsache, für viele jedoch Anlass zum Streit, da nur der eigene Blickwinkel als richtig wahrgenommen wird, was ja auch richtig ist, aber kurzsichtig, da dem Nächsten sein ebenfalls richtiger Blickwinkel nicht zugestanden wird. Einsicht in die Tatsache unterschiedlicher Wahrnehmung und Akzeptanz dieser, also Weitsicht und Umsicht sind gefragt, um die gestörten Beziehungen der Menschen untereinander zu verstehen und zu heilen.
Durch Abendmahlsgemeinschaft aller Christen, verbunden mit einer Einladung an alle Christus zugewandten Menschen ist es möglich, Vergebung und Versöhnung durch Jesus Christus zu erlangen. Dazu bedarf es immer wieder neu der Einsicht und Reue in begangene Fehler, der Umkehr, der Buße, des Untertauchens in der Taufe zur Vergebung der Sünden, des bewussten Raumschaffens für die Wirksamkeit des Heiligen Geistes, des Festmachens, des Besiegelns. Es bedarf der Liebe zum Nächsten in der Ehe, Familie, Gemeinschaft, Gesellschaft, besonders der Kranken, Schwachen und Hilfsbedürftigen. Es bedarf dazu auch des geweihten Priestertums, des Priestertums aller Gläubigen als Zeugnis und Einladung an alle Menschen, sich auf den Weg zu Gott zu machen. Und es bedarf der Berührungen, Salbungen, Segnungen Gottes , der Mitmenschen und des eigenen sich Liebens und geliebt Werdens.
In den Konfessionen sind alle Zeichen Jesu erkennbar, wenn auch bruchstückhaft und unvollkommen. Am deutlichsten ausgeprägt sind Taufe und Abendmahl. Firmung, Versiegelung, Konfirmation ursprünglich aus der Taufe hervorgegangen sollten bewusst mit dieser in Verbindung bleiben oder wieder in ihr vereint werden. Am wenigsten ausgeprägt ist die Buße, verbunden mit Einsicht , Reue, Bekenntnis, Änderung, Wiedergutmachung, Bitte um Vergebung, Empfang der Versöhnung, Dank und Möglichkeit zum Neuanfang.

Hier besteht aus meiner Sicht ständig Handlungsbedarf, gerade weil wir uns der Zuwendung und Gnade Gottes immer bewusst sein dürfen. Gottes Liebesgeschenk bedarf unserer Erwiderung.

Krankensalbung sollte wieder mehr allen Kranken zugute kommen. Bei Weihe und Ordination sollte nicht das was vor Augen ist, sondern das Herz angesehen werden, d.h. Geschlecht, Stand und zwischenmenschliche Beziehungen sollten keine Rolle mehr spielen. Ehe und Familie bedürfen des Schutzes und des Segens, sind aber nicht die einzige Lebensform unter den Menschen. Jeder Mensch hat Schutz und Segen notwendig und als Teil der göttlichen Schöpfung ein Anrecht darauf erworben.

Von meiner Kirche wünsche ich mir noch mehr Besinnung auf die Heilsnotwendigkeit allein in Jesus Christus.

Von der evangelischen Kirche mehr Besinnung auf die Vielzahl der von Jesus gesetzten Zeichen.

Von der katholischen Kirche mehr Weitblick im Hinblick auf die Abendmahlsgemeinschaft aller Christen.

Von uns allen mehr Einsicht und Reue, mehr Buße und Versöhnung, sowie Wohlwollen und Akzeptanz gegenüber der Tatsache unterschiedlicher Sichtweisen und einen klaren Blick auf Jesus Christus, gewirkt durch den Heiligen Geist und im Bewusstsein der Liebe Gottes.

2.3.4. Mitte und Fundament der christlichen Existenz und damit des seelsorgerischen Dienstes ausgesprochen im Gleichnis vom Barmherzigen Vater

Gottesdienst in Wort und Sakrament ist immer zuerst Gottes Dienst an uns. Er ist Mitte und Fundament unserer christlichen Existenz, weil wir hier alles empfangen, was wir bedürfen.

Uns geht es wie dem verlorenen Sohn. Wir haben unser Erbteil, unseren freien Willen vom Vater bekommen und uns sofort mit Blick nur auf uns selbst auf den Weg in die Welt gemacht, um sie uns untertan zu machen. Dabei haben wir den Vater aus den Augen verloren und uns ganz auf die Befriedigung unserer Gelüste konzentriert, und unseren Hunger nach der Welt gestillt. Bis wir erkennen mussten, dass diese mit ihrer Lust vergeht, weil sie endlich und begrenzt ist. Die Erdenzeit zerrinnt uns nur so durch die Finger. Nichts können wir festhalten. Nichts bleibt. Allein sind wir arm und hilflos dem Lauf dieser Welt ausgeliefert.

Gibt es einen Ausweg ? Wir erinnern uns an Gott unseren Vater , von dem wir ausgegangen sind. Wir halten inne und besinnen uns seiner liebevollen Zuwendung. Wir erkennen: Unsere Abwendung von ihm, ist ein Fehler. Es reut uns im innersten unserer Seele. Wir kehren um.

Unsere Schritte ihm entgegen werden schneller. Wir können ihn sehen. Er erwartet uns mit ausgebreiteten Armen. Kommt auf uns zu. Wir begeben uns ganz in seine Arme. Es ist so wohltuend für uns die Liebe des Vaters mit allen Sinnen zu spüren. Wir tanzen und springen vor Glück. Wir sind geheilt.

Jesus wendet sich in seinem Wirken besonders den Kranken, Armen und Bedürftigen, den Sündern zu. Im Gleichnis vom verlorenen Sohn, weist er uns noch mal besonders auf die Notwendigkeit unserer Umkehr (Buße) hin. Gleich zu Beginn seiner Wirkungszeit wiederholt er eindringlich, was bereits Johannes der Täufer den Menschen zurief: Tut Buße, das Himmelreich naht.

Unsere Umkehr ist Fundament und Mitte unseres Christ Seins, unser erster grundlegender und unser täglich notwendiger Schritt zur Ausrichtung auf Jesus Christus.

Oder geht es uns wie dem getreuen Sohn ? Wir haben unseren Willen unter den des Vaters gestellt und stets gern für ihn gearbeitet, ohne an uns zu denken. Ohne die Freuden des Lebens zu genießen. Haben wir etwas verpasst ? Sicher nicht. Wir haben stets die Gebote Gottes beachtet, sind gesetzestreu, fühlen uns gerecht und nicht wie die vielen Sünder. Wir sind was besonderes. Gott ganz nahe und was dem Vater gehört, gehört auch uns. Es ist unser Erbe. Wir haben es nicht leichtfertig verprasst, wie unser Bruder. Doch das gerade der jetzt vom Vater so groß gefeiert wird, wie ich es nie erlebt habe, geht mir gewaltig gegen den Strich. Ich feiere nicht mit. Wir wenden uns zornig von Vater und Bruder ab.

Auch hier ist es der Barmherzige Vater der auf den Sohn zugeht, sich nicht abwendet, mit ihm redet und ihm seine Liebe, sein Nähe und seine Gemeinschaft erneut vor Augen führt.

Gott ist und bleibt barmherzig, er wendet sich uns immer zu, egal ob wir es gerade auch tun oder nicht. Seine Zuwendung ist gewiss.

Diese Gewissheit ist für uns in jedem Gottesdienst erlebbar. Gott redet mit uns durch die Wirksamkeit des Heiligen Geistes, sein Wort durchdringt, berührt und wohnt in uns. Jesus Christus ist uns im Abendmahl spürbar nah, schenkt Vergebung und Versöhnung. Dieses Liebeserleben Gottes heilt uns, in unserer Beziehung zu ihm, zu unserm Nächsten und zu uns selbst. Hier fühlen wir uns beheimat, erleben bereits heute den Vorgeschmack ewiger Gemeinschaft mit Gott, das Nahen des Himmelreichs.

Seelsorgerischer Dienst ist ein Einstimmen in Jesu Aufruf zur Buße. Dieser Aufruf zur Umkehr gleichsam an sich selbst, wie an den Nächsten ist zugleich Einladung zum Gottesdienst, so wie Jesus es getan hat mit den Worten: Kommet her zu mir alle, die ihr mühselig und beladen seid. Ich will Euch erquicken. Wenden wir uns ihm zu! Feiern mit ihm!

2.4. Die Hoffnung der Christen

2.4.1. Mein Verständnis von Sterben und Tod

Einen Freund hab ich gefunden (alte Ausgabe Nr. 419)

Einen Freund hab ich gefunden, wie es keinen bessern gibt.
Alle Tage , alle Stunden weiß ich mich von ihm geliebt.
Er führt mich auf sichrem Pfade, sorgt für mich so väterlich,
labt mit Frieden, krönt mit Gnade Tag für Tag aufs neue mich.

Er ist meines Herzens Sonne und verkläret all mein Leid,
bringt der Seele Lust und Wonne, lautre reine Seligkeit.
So stillt er mein tiefstes Sehnen, führt mich durch die Nacht zum Licht.
Einst wird er die letzten Tränen wischen mir vom Angesicht.

Diese Zeilen drücken aus, was ich heute empfinde: Ich weiß mich von Jesus
geliebt. Ich verspüre seine Nähe und seine Hilfe. Er ist mein bester Freund und
Wegbegleiter durchs Leben. Er ist mir Ratgeber und Wegweiser heute.
Wenn ich in meinem Leben zurück schaue, erkenne ich seine liebevolle
Begleitung, denke ich an Erlebnisse und Erfahrungen, die ich mit ihm gemacht
habe und fühle mich bestärkt in meinem Glauben ihm gegenüber.
Wenn ich in die Zukunft schaue, bin ich angefüllt von der Gewissheit, das Jesus
auch weiterhin an meiner Seite bleibt. Ich vertraue ihm. Dieses Gefühl gibt mir
tiefen inneren Frieden und nimmt jede Angst vor der Zukunft, auch wenn sie
noch unbekannt ist.
Es schenkt mir die notwendige Gelassenheit zur Bewältigung meines Lebens
heute und einen offenen freudigen Blick auf das Morgen, auch über den Tod
hinaus.
Ich lebe in der Gewissheit seiner Zusage: „Ich lebe, und ihr sollt auch leben."
Joh.14,19
Ich glaube, das ich geboren wurde , um zu leben und nicht um zu sterben. Mein
Tod ist nicht das Ende meines Lebens. Er ist das Ende eines Lebensabschnitts,
der heute für mich wahrnehmbar und greifbar ist. Dann wird ein neuer
Abschnitt beginnen: Ewige Gemeinschaft mit Jesus in Gottes Herrlichkeit. Eine
Gemeinschaft, wo die Beziehungen der Menschen zu Gott, zum Nächsten und
zu sich selbst geheilt und einander zugewandt sind.
Diese hoffnungsvolle Zukunft erwartet alle Menschen, denn Gott will allen
Menschen helfen.

Ich wünsche jedem meiner Mitmenschen , das er Jesus begegnet und als seinen
Freund erkennt.

2.4.2. Verständnis von Sterben und Tod im AT

Für das Volk Israel, dessen Geschichte im AT bezeugt wird, ist Gott ihr unmittelbarer Herrscher und König des Reiches. Sein Heil ist also gegenwärtig im Diesseits und nicht jenseits davon. Gott gibt Israel Heil durch ein sinnerfülltes Geschehen der Gegenwart. So gilt auch ein langes und sinngefülltes Leben als Geschenk Gottes, dass durch den Tod sein Ende findet. Das biblische Denken hat hier stets das Erleben der Vergangenheit vor Augen und der Israelit läuft praktisch rückwärtsgewandt in eine unbekannte Zukunft. Ganz im Unterschied zum griechisch-abendländischen Denken, wo der Mensch die Vergangenheit hinter sich lässt und seinen Blick in die Zukunft gerichtet hat. Mit dem Ruf nach einem menschlichen König, wird dieser zum Gesalbten Gottes berufen, um Gerechtigkeit und Frieden zu gewährleisten, was aufgrund der Fehlbarkeit des Menschen nicht gelingt. Gott bleibt einziger und wahrer Herrscher und lässt auf ein ewiges Reich des Friedens und der Gerechtigkeit hoffen. Somit auch auf universellen Frieden für die gesamte Schöpfung. Der Messias als König wird erwartet, um dies zu realisieren. Damit ändert sich die Blickrichtung von den vergangenen Heilstaten Gottes in der Geschichte Israels hin auf ein neues Land und einen neuen Bund in der Zukunft. Damit ändert sich auch die Sicht auf den Tod als absolutes Ende eines erfüllten Lebens und die Hoffnung auf ein Leben über den Tod hinaus wächst. Diese wird auch genährt durch die griechische Idee von der Unsterblichkeit der Seele und anderen Kulturen, in denen Götter auch Toten-Götterfunktion übernahmen. Die Auferstehungshoffnung jedoch erwächst aus dem Todesproblem und der Frage nach der Gerechtigkeit Gottes im Hinblick auf seinen stets dem Menschen zugewandten Willen nach ewiger Gemeinschaft in geheilten Beziehungen untereinander und mit ihm.

2.4.3. Verständnis von Sterben und Tod im NT

Jesus verkündigt die Gottesherrschaft und ruft angesichts dieser den Menschen zur Umkehr weg von der Sünde hingewendet zu Gott auf.
Das Reich Gottes ist jetzt schon gegenwärtig, ein dynamisches Geschehen von „Schon-Jetzt" und „Noch - Nicht".
Während im AT das erwartete Heil Gottes von der Gegenwart in die Zukunft verlagert wurde, ist es mit Jesus als dem Messias gegenwärtig und zukünftig greifbar.
Indem der Mensch sein Leben im Sinne der Umkehr ändert, wird er von der Dynamik der Gottesherrschaft ergriffen und erlebt Gottes Güte schon jetzt und über den Tod hinaus.
In seiner Geschöpflichkeit ist der Mensch in seiner Gesamtheit zum ewigen Leben bestimmt.

Sein sündiges Gott abgewandtes Verhalten führt zum Tod und der Mensch muss sterben. Die Hoffnung des Menschen ist Jesus Christus. Er hat den Tod besiegt. Sein Tod am Kreuz konnte das Geschehen der Gottesherrschaft nicht aufhalten. Jesus ist auferstanden. Gott sein Vater hat ihn auferweckt und Jesus ist den Seinen als der Auferweckte erschienen. Damit ist die Nähe Jesu zu Gott und den Menschen durch den Tod nicht zerstört, sondern als unzerstörbar vor Augen gestellt. Jesus ist im Leben , im Sterben und in der Auferstehung unser endgültiges Heil. Mit der Auferweckung Jesu beginnt die neue Schöpfung Gottes. Gott ist der Herr des Lebens. Er macht Tote lebendig und dies zuerst in Jesus Christus. Durch Jesu Tod ist die Sünde aller Menschen bereits bezahlt und die Tür zum ewigen Leben für uns Menschen geöffnet. Wir haben berechtigte Hoffnung ewig zu leben. Jeder einzelne Mensch, sowie die gesamte Menschheit ist Teil dieses dynamischen Geschehens hin zur Vollendung der Gottesherrschaft. Jesus Christus ist gegenwärtig, ruft sich im Sakrament der Eucharistie immer wieder in Erinnerung bis zu seiner Wiederkunft, um Gottes Werk zu vollenden.

Aufgabe des Menschen , unsere Aufgabe ist die ständige Umkehr und Buße, um Jesus Christus und damit Gott zugewandt zu sein. In dieser Zugewandtheit können wir voller Hoffnung ewiges Leben in Gemeinschaft mit Gott, Jesus und unserem Nächsten erwarten.

2.4.4. Biblische und außerbiblische Zukunftshoffnungen

Die Zukunftshoffnungen und Erwartungen der Menschen sind so vielfältig wie sie selbst und ihre geschichtlichen Zeitepochen:
Universell und individuell ausgerichtet
Gegenwärtig und zukünftig ausgerichtet
Auf Heil und Gericht ausgerichtet
Geprägt durch Naherwartung und Apokalyptik,
gegliedert in zeitliche Abschnitte und Zustände
getragen von der Hoffnung auf Auferweckung
Dabei gibt es Gemeinsamkeiten durch alle Epochen hindurch und wiederum speziell durch die Epoche geprägte Entwicklungen.

AT, NT ,Mittelalter ,Reformation, Evolution, Revolution und Neuzeit sind geprägt von der Hoffnung auf Frieden und Gerechtigkeit im Einzelnen und im Universellen. Jeder Mensch und die gesamte Menschheit sehnt sich danach. Dabei sind diese Hoffnungen im Vertrauen auf Gott oder sich selbst gerichtet.

Bedeutende biblische Zukunftshoffnungen im AT

Erwartung des Messias als den Befreier von irdischer Not, Unterdrückung und Knechtschaft

Erwartung eines neuen Landes und Bundes mit Gott
Erwartung der Gottesherrschaft, des Königs der für alle Zeit Frieden und
Gerechtigkeit schafft
Erwartung des Gerichts und des ewigen Heils
Erwartung der Auferweckung von den Toten und des ewigen Lebens

Bedeutende biblische Zukunftshoffnungen im NT

Erwartung der Wiederkunft Jesu Christi, des Gottes- und Menschensohnes
Erwartung der Vollendung der im Ostergeschehen angebrochenen
Gottesherrschaft
Erwartung der Hochzeit im Himmel, des 1000-jährigen Friedensreiches, des
Endgerichts
Erwartung der Auferweckung von den Toten und des ewigen Lebens
Erwartung eines neuen Himmels und einer neuen Erde

In der Tradition der Kirche entwickelte Zukunftshoffnungen

Im Mittelalter
Wiederkunft Christi als Richter der Lebenden und der Toten im Endgericht
Entfaltung der Lehre von der Hölle und vom Fegefeuer zur Läuterung und
Reinigung
Lehre vom Zwischenzustand nach dem Tod bis zur Auferweckung zum Gericht
Glaube an die Auferstehung der Toten am Jüngsten Tag zum Gericht
Persönliches Gericht nach dem Tod vor Weltgericht zum Jüngsten Tag
In der Zeit der Reformation
Fegfeuer wird ausdrücklich geleugnet, Zwischenzustand als vorläufig bezeichnet
und das persönliche Gericht als wenig bedeutsam erachtet.
Lehre von der Rechtfertigung (Verurteilung) allein durch Christus
Zusammengehörigkeit unserer Auferweckung mit der Auferstehung Jesu, die
Auferweckung aller Toten vollendet die Erlösungstat Christi
Lehre vom Himmel als vollendete Gottesherrschaft und ewiges Leben in
Gemeinschaft mit Gott, Hochzeitsmahl am Tisch mit Jesus und viele
Wohnungen im himmlischen Jerusalem.

Aus menschlichen Erkenntnissen entwickelte Zukunftshoffnungen

Mit Hilfe der Evolutionstheorie werden Entwicklungsprozesse in der belebten,
unbelebten und kulturellen Welt erklärbar und verständlich. Dies gelingt jedoch
nur in der Rückschau, weil die spätere Stufe der Entwicklung folgerichtig aus
den früheren Stufen verständlich wird.
Und doch lassen sich mit Hilfe von Selektion, Mutation und Selbstorganisation
Verhältnisse von Organismen zur Umwelt in die Zukunft gerichtet deuten.

Auch Relativitäts- und Quantentheorie erklären viele Phänomene unserer Welt und ihrer Entwicklung.
Wir Menschen können guter Hoffnung sein, auch zukünftig noch tiefer in die göttlichen Geheimnisse einzudringen und die Schöpferkraft Gottes zu erkennen.

Die Zukunftshoffnungen von Karl Marx waren auf den Sieg der unterdrückten Klasse über die herrschende Klasse ausgerichtet mit der Hoffnung der Schaffung einer klassenlosen Gesellschaft, frei von Ausbeutung und Unterdrückung. Die proletarische Weltrevolution unter dem Aufruf: Proletarier aller Länder vereinigt Euch. sollte Freiheit, Gleichheit und Brüderlichkeit unter den Menschen schaffen über die Vorstufe des Sozialismus hin zum Kommunismus. Das 20. Jahrhundert war in vielen Ländern der Welt von diesem Zukunftstraum und dessen sozialistischer Realität, der Diktatur des Proletariats geprägt worden, bis dieser Traum von Gerechtigkeit und Frieden an der Fehlbarkeit der Menschen zerplatzte.

Heute beruhen die Zukunftshoffnungen der Menschen im Dialog und Gespräch miteinander:
Interdisziplinäre Gespräche zwischen Naturwissenschaft, Geisteswissenschaft und Religion
Ökumene unter Christen in versöhnter Verschiedenheit
Gespräche über Konfessionsgrenzen hinweg zur Förderung von Wohlwollen u. Akzeptanz
Weltumspannende Gespräche zu Themen wie Klimawandel, Hungersnot, Globalisierung, Kriegsverbrechen und Verstoß gegen die Menschenrechte
Menschliche Bemühungen um Frieden, Freiheit und Gerechtigkeit in der Welt durch Kommunikation, d.h. durch einen ständig währenden Prozess der Verständigung miteinander.

2.4.5. Verantwortung für das Leben
(hier in Bezug auf den ev. Katechismus)

Suizid

Das Ja und auch das Nein zum eigenen Leben kann und muss eigenverantwortliche und freie Entscheidung sein.

Medizinische Aspekte
Eine das Leben und die Gesundheit schädigende und gefährdende Lebensweise (z.B. Alkohol, Drogen, Zigaretten, Lebenswandel usw.) kann das Leben bewusst oder unbewusst herausfordern
Krankheiten, besonders seelischer Art (z.B. Depressionen), aber z.B. auch körperlich unheilbare Krankheiten können der Auslöser sein

Psychologische Aspekte

Eine am Ende gegen sich selbst gerichtete Aggression aus der Verzweiflung und Hilflosigkeit heraus keinen Ausweg aus einer bestimmten Krisensituation gefunden zu haben. Sinnverlust des eigenen Lebens, das Gefühl der Einengung, des an die Wand gedrückt werden gewinnt die Oberhand

Soziale Aspekte

Krisenzeiten und Wandel der Lebensverhältnisse durch Verlust z.B. Arbeitsplatz, mat. Sicherheiten, Partner, Gesundheit

Vereinsamung, Isolation, Einengung und Verlust der Lebensqualität Pessimismus und Unzufriedenheit, Zukunftsängste, äußerliche Einflüsse und Bedrängnisse auf die Freiheit zur Selbstbestimmung und Änderung der Lebenssituation

Auswirkungen

Achtvoller und bewusster Umgang mit dem eigenen Leben und dem des Anderen, mehr Aufmerksamkeit in der Wahrnehmung , mehr bewusste Kommunikation, mit allen Sinnen das Leben annehmen und genießen, die Seele pflegen und pflegen lassen, den Menschen in seiner Gesamtheit von Körper, Geist und Seele bejahen, einander zugewandt sein, zuhören, reden, da sein, schweigen, an kleinen Dingen erfreuen, lachen, weniger sorgen und mehr leben, den Lebenssinn herausfinden und daraus eine positive Erwartungshaltung und Zukunftshoffnung entwickeln

Schwangerschaftsabbruch

Das Ja oder Nein zum neuen Leben ist in der Entscheidung offen, aber nicht zielneutral, sondern Lebensbejahend

Medizinische Aspekte

Gefährdung des Lebens der schwangeren Frau

Geistige und/oder körperliche Behinderung des ungeborenen Kindes

Psychologische Aspekte

Innere Zerrissenheit

Seelischer Druck und Konflikt zwischen eigenen Wünschen, den des Ungeborenen, dem familiären Umfeld, mir oder dem anderen zuliebe oder aus Rücksichtnahme, moralischer Konflikt, Glaubenskonflikt, Gefühl von Schuld und Sündenlast

Soziale Aspekte

Druck der Familie,

Umfeld, wie Familienfreundlichkeit, Hilfen bei Wohnung, Arbeit, Unterbringung, Beratung

Auswirkungen

Mehr Verständnis und Zuhören, Entscheidung der Schwangeren akzeptieren, Entscheidungssuche erleichtern, Mut zum Leben machen, einfühlsame Beratung, konkrete Hilfe anbieten, den Druck rausnehmen, beide Seiten konsequent durchdenken und abwägen, Umfeld einbinden, Notlage analysieren, Solidarität und Anteilnahme erweisen und Gottes Rechtfertigung aus Gnade bezeugen , ein kinder- und familienfreundliches Umfeld schaffen

2.4.6. Die Hoffnung der Christen

„Die Auferstehung Jesu Christi ist der Kern und das Fundament der Heilsbotschaft, ihrer Verkündigung und ihrer seelsorgerlichen Zuwendung."

Das 11. Kapitel des Johannesevangeliums bringt die Heilsbotschaft Jesu Christi gerade in Bezug auf Sterben und Tod , Auferstehung und Hoffnung auf Vollendung ganz klar zum Ausdruck.
Lazarus ist krank , liegt im Sterben und stirbt. Jesus macht sich auf den Weg zu seinen Schwestern Marta und Maria. Marta läuft ihm entgegen und ist überzeugt: Herr wärst du hier gewesen, mein Bruder wäre nicht gestorben. Jesus antwortet ihr: Dein Bruder wird auferstehen. Sie entgegnet: Ich weiß wohl, dass er auferstehen wird bei der Auferstehung am Jüngsten Tage. Marta glaubt an die Auferstehung der Toten zum Gericht und trägt die Hoffnung auf Vollendung des Werkes Gottes mit den Menschen in sich.
Jesus macht ihr klar, wer Herr über Leben und Tod ist:
„Ich bin die Auferstehung und das Leben. Wer an mich glaubt, der wird leben, auch wenn er stirbt; und wer da lebt und glaubt an mich, der wird nimmermehr sterben."
Um seine Macht aus Gott zu unterstreichen, erweckt er Lazarus wieder zum Leben.

Jesus erfüllt den Willen seines Vaters bis zur letzten Konsequenz: sein Sterben und Tod am Kreuz. Mit seinem Opfertod rechtfertigt er die gesamte Menschheit vor Gott seinem Vater.
Mit seiner Auferstehung zu Ostern legt er das Fundament der neuen Schöpfung , das Reich Gottes beginnt. Die Gottesherrschaft strebt nach Vollendung ausgehend vom Kernpunkt: der Auferstehung Jesu Christi. Seine Botschaft: Wer an mich glaubt, der wird leben, auch wenn er stirbt. begründet unsere berechtigte Hoffnung auf Vollendung und Teilhabe am Reich Gottes schon jetzt und auch über den Tod hinaus. Gleich einem Lazarus werden wir vom Tode auferweckt zum ewigen Leben. Diese Zukunftserwartung erfüllt uns mit Freude. Angefüllt mit dieser positiven Erwartungshaltung wollen wir für unsere Seele sorgen, uns unserem Nächsten in gleicher Weise zuwenden und die wie ich finde: Beste Nachricht aller Zeiten: das Evangelium Jesu Christi verkündigen: Kehren wir um von unserem sündigen gottabgewandten Verhalten, tun wir Buße, wenden wir uns Jesus zu: Glauben und vertrauen wir ihm. Gehen wir wie ein Petrus mit Blick nur auf Jesus übers Wasser, dann gehen wir auch nicht unter, im Leben nicht, ja selbst im Sterben nicht. Halten wir Verbindung zu ihm,

ununterbrochen. Lassen wir uns nicht ängstigen von den Stürmen im Leben und im Sterben. Denn: Mit Jesus werden wir ewig leben.

2.5. Gesprächsführung in der Seelsorge

2.5.1. Besprechung Gesprächsprotokolle

Gesprächsbeispiel 1

A: verführerisches Kindheits-Ich
1.TS: gelassenes Erwachsenen- Ich
2.TS: beruhigendes Eltern-Ich
3.TS: vertrauendes Kindheits-Ich

Wie beruhige ich einen aufgeregten Anrufer ?

Gesprächsbeispiel 2

A: entrüstetes Eltern-Ich
1.TS: sich mit entrüstendes Eltern-Ich
2.TS: erkennendes Erwachsenen-Ich
3.TS: herausforderndes Kindheits-Ich

Wie gehe ich mit Wertungen/ Urteilen um ?

Gesprächsbeispiel 3

A: dankbares Erwachsenen-Ich
1.TS: abwertendes Eltern-Ich
2.TS: dankbares Erwachsenen-Ich
3.TS: einschmeichelndes Kindheits-Ich

Wie kommt Dankbarkeit bei mir an ?

Gesprächsbeispiel 4

A: Notzustand erkennendes Erwachsenen-Ich
1.TS: Notzustand erkennendes Erwachsenen-Ich
2.TS: Lösung anbietendes Eltern-Ich
3.TS: Angebot machendes Kindheits-Ich

Wie kann ich behilflich sein, Krisen zu bewältigen ?

Gesprächsbeispiel 5

Hier wird die spezifische Beziehung zwischen der Anruferin und dem Telefonseelsorger sichtbar. Beide sind ungefähr im selben Alter, ähnlich gebildet. Die Transaktion verläuft in Form der Spielanalyse, wo die Frau versucht den Ball ihrer immer mehr sichtbar werdenden Opferrolle abzugeben. Der Telefonseelsorger lässt sich ganz konsequent nicht von ihr in die Täterrolle drängen. Ihrem trotzigen Kindheits-Ich begegnet kein autoritäres Eltern-Ich, dem sie die Schuld für ihre Situation geben kann, sondern ein klares Erwachsenen-Ich. Der Seelsorger wirft die Kerngedanken ihrer Anklage immer wieder zurück und dadurch legt die Anruferin selbst den Grund ihrer Vorwürfe frei. Genau an dieser Stelle schlüpft er dann in die Rolle des tröstenden Eltern-Ich, das die Tränen des trotzablegenden Kindheits-Ich trocknet und liebevoll Ratschläge gibt, um aus der selbstauferlegten Isolation wieder herauszukommen.

Wie gelingt es mir auch so konstruktiv zu werden ?

Gesprächsbeispiel 6 und 7

Atmosphäre und Stimmung

6) Die Atmosphäre ist bei beiden angespannt. Die Sozialarbeiterin lässt sich sehr schnell von dem Misstrauen und der Gereiztheit von Jenny anstecken und fördert es auch noch durch ihre unverblümte Herangehensweise. Dadurch wird die Stimmung hochgeschaukelt, explodiert, führt bei der Sozialarbeiterin zu Ratlosigkeit und bei Jenny zu Verstocktheit.

7) Die Atmosphäre ist einseitig bei Jenny angespannt. Die Sozialarbeiterin versucht einfühlend das Misstrauen abzubauen und Vertrauen zu gewinnen, was ihr auch Schritt für Schritt gelingt. Die Stimmung hellt sich auf und entspannt sich. Dadurch wird die Grundlage zur Bewältigung der Situation geschaffen.

Verhalten der Sozialarbeiterinnen

Gemessen an den Leitsätzen einer beziehungsfördernden Grundhaltung des Seelsorgers hat sich Mitarbeiterin 6 eher emotional und unbeachtet dieser Leitsätze verhalten. Mitarbeiterin 7 handelte im Bewusstsein dieser und nahm diese beziehungsfördernde Grundhaltung ein. Während M6 ihre durch Jenny ausgelösten Emotionen schlecht in Griff bekam und sich reizen ließ, hat M7 von Anfang an durch Einfühlungsvermögen und Verständnis Jennys Gereiztheit abgebaut und versucht Emotionen wie Freude z.B. bei der Arbeit anzubieten. Während M6 argumentierte und anhand eigener Maßstäbe beurteilte, versuchte M7 die Entwicklung der Umstände und des Umfelds von Jenny zu verstehen.

Das Besserwissen von M6 führt nicht weiter. Dagegen hilft die angebotene Partnerschaft von M7.

Analyse der Transaktionen

In 6) trifft das trotzige und ängstliche Kindheits-Ich von Jenny auf das emotionsgeladene belehrende Eltern-Ich der Sozialarbeiterin, was dem zuvor vorhandenem Erwachsenen-Ich Platz gemacht hat.
In 7) wird aus Trotz und Angst ein vertrauensuchendes Kindheits-Ich bei Jenny sichtbar, was der Sozialarbeiterin durch ein klares, geschultes Erwachsenen-Ich möglich wird das eine beziehungsfördernde Grundhaltung eingenommen hat.
Kennzeichnend für den Unterschied ist der Umgang mit den Emotionen. Lasse ich mich auf das Spiel ein oder gelingt es mir im Erwachsenen-Ich zu bleiben ?

Gesprächsbeispiel 8

Das Gespräch wird durch die Anruferin strukturiert. Ihre Motivation ist zunächst nicht klar. Sie hält sie versteckt, denn um die vielen vorgebrachten Probleme geht es letztendlich gar nicht, was die eingeworfenen Fragen des Telefonseelsorgers zeigen. Sie trägt Selbstmordgedanken, nachdem nun auch ihr Freund sie noch verlassen hat, was sie betont beiläufig zweimal im Gespräch erwähnt. Da sie in der Mittagspause anruft, vereinbart sie einen weiteren Gesprächstermin 2 Tage später. Ruft dann jedoch am späten Nachmittag noch mal an, mit der Bitte um ein persönliches Gespräch bei ihr zuhause. Der Seelsorger, welcher nicht mit dem erneuten Anruf und schon gar nicht mit dieser persönlichen Einladung gerechnet hatte, ist überrascht und unsicher und reagiert sachbezogen und sehr direkt mit dem Hinweis auf Anonymität und Vorschriften für Telefonseelsorger. Sie beendet das Gespräch und ruft auch später nicht mehr an.
Zeichen unbewusster neurotischer Schuld erkennbar, als es um das Auto geht, welches vorher der Vater gefahren hatte
Zeichen existenzieller Schuld erkennbar: Alles geht krumm, gerade nur immer mir.
Kindheits-Ich und Eltern-Ich kämpfen miteinander, ein Hin und Her von Schuld und Sühne.
Das Erwachsenen-Ich kommt nicht zur Entfaltung und es besteht ständig Bedarf nach Entlastung der Gefühle, welche nicht stattfindet, was zu Selbstmordgedanken führt und zum Suizid führen kann.
Der Telefonseelsorger hat sein Erwachsenen-Ich ständig unter Kontrolle und gekonnt im Einsatz, bis auf seine letzte Reaktion (TS 16), welche gleichzeitig Höhepunkt und Bruch des Gespräches darstellt, als er mit dem Verweis auf die Vorschriften selbst in ein sich unterordnendes Kindheits-Ich verfällt und es ihm nicht gelingt den Ball gekonnt zurück zu werfen.
An dieser Stelle möchte ich das Gespräch aufgreifen und fortspinnen:

TS 16: (überrascht, aber schnell wieder gefasst) Sie möchten gern einmal mit mir persönlich sprechen ?
A 17: (erleichtert) Ja.
TS 17: Dann kommen Sie doch am Samstag bei uns vorbei. Ich werde ein persönliches Gespräch ermöglichen.
A18: (erfreut) OK bis Samstag.
So ist der Kontakt weiterhin aufrecht erhalten. Beide Gesprächspartner haben ein gutes Gefühl.
Spezielle Frage, welche sich daraus ergibt: Sollte ich einen Spezialisten zurate ziehen, mit einbinden bzw. an ihn verweisen ?

Gesprächsbeispiel 9   GB 10   GB11

Reaktionsweise des Telefonseelsorgers

1.TS: einfühlend	1.TS: wertend	1.TS: interpretierend
2.TS: stützend	2.TS: sondierend	2.TS: sondierend
3.TS: wertend	3.TS: stützend	3.TS: einfühlend
4.TS: interpretierend	4.TS: einfühlend	4.TS: stützend
5.TS: sondierend	5.TS: interpretierend	5.TS: wertend

2.5.2. Kindheits-Ich, Eltern-Ich, Erwachsenen-Ich

Erleben und Verhalten aus dem Eltern-Ich

Irgendwann habe ich von G... eine Tasse mit der Aufschrift „Jörg der Heiler" geschenkt bekommen, auf der ein überführsorglicher(meine Mutter), übereifriger (mein Vater) Eltern-Ich Jörg zu sehen ist, der sein Gegenüber ganz mit Verbandsstoff eingewickelt hat. Jörg sagt: „Das wär's !" sein Gegenüber: „Ich hatte doch bloß Kopfweh !" Dazu steht dann der Spruch: „Du hilfst den Kranken und den Armen, mit jedermann hast Du Erbarmen. Egal , wie schwer und ernst der Fall. Du heilst jeden, überall !"
G... hat mich damit auf den Punkt getroffen. Genau das bin ich. Voller Fürsorge und Übereifer stülpe ich meinem Nächsten meine Hilfe, meine Erkenntnis, meinen Glauben über, auch wenn er es in diesem Umfang gar nicht braucht und will. Und davon lasse ich mich in meiner Fixiertheit auch nicht abbringen. Jetzt in diesem Augenblick wird mir mein Verhalten, auch G... gegenüber klar. Damals habe ich ihren Hinweis auf ihrem Geschenk an mich nicht erkannt. Gut, dass ich jeden Morgen meinen Kaffee aus dieser Tasse trinke und mit der heute neugewonnenen Erkenntnis vor Augen künftig versuchen kann, mehr im Erwachsenen-Ich zu handeln.

Erleben und Verhalten aus dem Erwachsenen-Ich

Vor und nach dem Tod meines Vaters habe ich mich sehr einsichtig, vernünftig und situationsgemäß verhalten. Ich habe die Realität das er sterben wird, ab einem bestimmten Zeitpunkt ganz klar vor Augen gehabt, so wie er auch , und habe ihn bei der Regelung verschiedener Angelegenheiten unterstützt und diese in seinem Sinne fortgeführt.

Trotz Ablehnung und Aggression gegen den nahenden Tod, trotz Depression und Angst vor dem Eintreten des Todes und trotz Trauer nach dem Tod ist es mir gelungen, alle Dinge zur Zufriedenheit zu regeln.

Gleiches gilt für mein Verhalten z. B. in Prüfungssituationen, bei öffentlichen Auftritten, bei der Lösung schwieriger beruflicher Aufgaben, bei einem Unfall, in Krisensituationen.

Dann bin ich immer sofort sehr rational und handle überlegt und verstandesgemäß.

Erleben und Verhalten aus dem Kindheits-Ich

Gestern war ich in Dresden zu einem Trauergottesdienst einer Glaubensschwester unserer Kirche. Ich hatte meine Zugfahrt bewusst so gewählt, um davor und danach genügend Zeit für mich zu haben. Schon lange wollte ich Dresden mal wieder einen Besuch abstatten, besonders um die wiedererrichtete Frauenkirche zu besuchen. Also schlenderte ich vom Hauptbahnhof über die Prager Strasse, wo ich eine Thunfischpizza aß und den Altmarkt hin zur Frauenkirche. Mit den Klängen einer Jazzband hüpfte ich vergnügt von einem Bein aufs andere, innerhalb der Schlange, welche sich vorm Eingangsportal gebildet hatte. Von Touristen durch die Tür gezwängt, fand ich einen Platz im Kirchenschiff und konnte nicht umhin ebenfalls bei all der Pracht in Staunen zu verfallen. Ein Pfarrer trat ans Pult und bat um einen Moment der Andacht und der Stille in diesem Gotteshaus, was trotz hunderter Besucher auch für einige Minuten gelang. Er nutzte diese Zeit, um aus 1. Korinther 13 das Hohelied der Liebe vorzulesen und die Besucher mit dem Friedensgruß zu entlassen. Bewegend. Dann pulsierte das Leben weiter. Ich stieg dann noch auf die Plattform, um einen wundervollen Blick über das Elbtal und Dresden zu genießen, bevor ich den Trauergottesdienst in Dresden-Neustadt besuchte. Danach war noch kurz Zeit für Zwinger und Semperoper, bis der Zug nach Halle zurückfuhr. Unbeschwerte Augenblicke, die ich immer wieder suche und genieße.

2.5.3. Jesus Christus im Gespräch

Das Befreiende und das Provozierende im Leben und in der Botschaft Jesu
Christi für die damalige und heutige Zeit

In einer Zeit der Unterdrückung durch die Römer, in der unter den Juden der
Ruf nach dem verheißenen Messias, dem Erlöser, umso lauter wird, geht Jesus
von Nazareth zu den Menschen in Galiläa und predigt in ihren Synagogen : Hört
auf zu sündigen und kehrt um zu Gott, denn das Himmelreich ist nahe. (
Math.4,17) Zunächst nichts besonderes, denn schon Johannes der Täufer hatte in
der Wüste von Judäa gepredigt: Kehrt um und wendet euch Gott zu, denn das
Himmelreich ist nahe. (Math.3,2) Viele Menschen gingen zu Johannes in die
Wüste und er taufte sie nachdem sie ihre Sünden bekannt hatten. Jesus indes
ging zu den Menschen hin, auf sie zu, verkündigte überall die Botschaft vom
anbrechenden Reich Gottes und er heilte die Menschen von ihren Krankheiten
und Gebrechen. (siehe Math.4, 23ff)
Beide Johannes und Jesus hatten einen großen Zustrom durch Hilfesuchende.
Während Johannes auf einen Größeren hinweist (Math.3,11), erleben die
Zuhörer der Bergpredigt einen Jesus der mit Vollmacht zu ihnen spricht (siehe
Math.5-7), bevollmächtigt durch Gott, den er seinen Vater nennt (Math.7,21).
Er lehrt sie, wer von Gott gesegnet wird, ruft auf zu guten Taten und zur
Erfüllung der Gesetze und geht hier jedes Mal noch ein ganzes Stück weiter, am
krassesten als er dazu aufruft: Liebt eure Feinde! Betet für die, die euch
verfolgen! (Math.5,44) Jesus tut viele Wunder, aber nicht um der Wunder,
sondern um des Glaubens willen. Und er nennt sich der Menschensohn, der
Vollmacht hat, Sünden zu vergeben. (siehe Math. 9,6) Er spricht von sich: Ich
bin der Weg, die Wahrheit und das Leben. Niemand kommt zum Vater, außer
durch mich. (Joh.14,6) und er verspricht: Denn ich werde leben, und ihr werdet
auch leben. (Joh.14, 19) Er zeigt seine Macht über das Leben: Lazarus, komm
heraus! (Joh.11,43) Er erklärt die Wahrheit : Niemand kommt in das Reich
Gottes, der nicht aus Wasser und Geist geboren wird. (Joh.3,5) Er weist den
Weg : Heute noch wirst du mit mir im Paradies sein.(Lu 23,43)
Sein Leben und seine Botschaft sind befreiend und provozierend zugleich.
Doch er lehrt nicht nur das Leben, sondern er lebt auch seine Lehre bis zu seiner
von Gott bestimmten letzten menschlichen Konsequenz, seinem Tod am Kreuz.
Seine Auferweckung und Auferstehung zu Ostern lassen ihn zum Messias, zum
Heiland für die ganze Menschheit werden, zu Jesus Christus.

Befreiend für die Menschen damals, ist sein offener Umgang mit ihnen, seine
Zuwendung und Hilfe besonders den Sündern und Ausgegrenzten gegenüber,
seine konkrete Tat: Ich bin nicht gekommen, um das Gesetz oder die Schriften
der Propheten abzuschaffen. Im Gegenteil, ich bin gekommen, um sie zu
erfüllen.(Math.5,17), sein Zuspruch ,seine Heilung , seine Verkündigung des
Gottesreiches und die damit verbundene Hoffnung auf Erlösung, Freiheit,

Gerechtigkeit und Frieden. Provozierend, besonders für die Pharisäer und Schriftgelehrten, da seine Lehre tiefer und weiter ging als die ihre (siehe oben) und das ausgerechnet der Sohn des Zimmermanns aus Nazareth behauptete, er sei der Menschensohn und habe Vollmacht Sünden zu vergeben. Viele Menschen damals hatten Probleme in der konkreten Person Jesus von Nazareth den verheißenen Messias, seinen Anspruch der Gottessohn zu sein, zu akzeptieren. Sie erwiderten: Nicht wegen einer guten Tat wollen wir dich steinigen, sondern wegen Gotteslästerung, weil du, obwohl nur Mensch, dich zu Gott gemacht hast. (Joh.11,33)

Bis heute hat sich daran nicht viel geändert. Jesu Botschaft und Leben reizt zum Widerspruch.
Das er gelebt und gelehrt hat, gekreuzigt wurde bestreitet auch heute kaum jemand. Seine Gottessohnschaft, seine Auferstehung und Himmelfahrt oder gar seine Wiederkunft ruft jedoch viele Zweifler auf den Plan. Gefördert auch durch eine tiefere Erkenntnis in die Geheimnisse und Gesetzmäßigkeiten der Natur und des Lebens. Die Errungenschaften und Leistungen des Menschen haben vielerorts Gott aus seinem Fokus gerückt und damit auch Jesus Christus. Und trotzdem ist aus dem von Jesus gelegten und beschriebenen Senfkorn mehr geworden, ein Strauch, ein Baum der heranwächst (Lu 13, 18-19), denn die Sehnsucht und Hoffnung der Menschen nach Freiheit, Erlösung, Gerechtigkeit und Frieden ist geblieben. Und Jesu befreiendes Angebot ist bis heute brandaktuell: Ich bin die Auferstehung und das Leben. Wer an mich glaubt, wird leben, auch wenn er stirbt. Er wird ewig leben, weil er an mich geglaubt hat. (Joh.11,25) Diese Botschaft ewigen Lebens in Gemeinschaft mit Gott, für mich und Millionen Christen auf der Welt die beste Nachricht aller Zeiten.
Damals wie heute gibt er uns auch ein Mittel zur Heilung unserer Beziehungen an die Hand:
Geht so mit anderen um, wie die anderen mit euch umgehen sollen. (Math.7,12) oder
Du sollst den Herrn, deinen Gott lieben, von ganzem Herzen, mit ganzer Seele und mit all deinen Gedanken ! und: Liebe Deinen Nächsten wie dich selbst. (Math.22,37-39)
Sein Leben und seine Botschaft provozieren uns aber auch es ihm gleich zu tun und unser Leben auf ihn und damit auf Gott auszurichten und uns immer wieder neu ihm zuzuwenden.
Taufe, Sündenvergebung und Heiliges Abendmahl schenken uns Kraft und das besondere Erleben seiner Nähe bis heute. Sein Leib und sein Blut ist vergegenwärtigt im Gedächtnis an sein Opfer und Speise für unsere Teilhabe an ihm. Damals wie heute befreiend und provozierend.
Das Jesus ein Mensch ist wie wir, ist für uns befreiend, dass er Gott ist , dass macht uns frei. Das Jesus Gott ist, wie sein Vater ist für uns Beginn des Himmelreichs, dass er es als Mensch verkündet und lebt, dass provoziert uns.

2.6. Menschen in Krisen

2.6.1. Die Familie und ihre Aufgaben im AT und NT

Die Familien leben jeweils entsprechend den Sitten und Gebräuchen der damaligen Kultur.
Besonders im AT werden viele Familiengeschichten sehr real und ungeschminkt erzählt.
Sie leben in Großfamilien zusammen, zu der neben Mann und Frau, mehrere Nebenfrauen, viele Kinder, Geschwister, Großeltern, sozusagen die ganze Sippe samt Knechten, Mägden, Sklaven und deren Kindern gehörten. Dieser ganze Clan wird auch als Haus bezeichnet. So bekennt Josua : Ich aber und mein Haus wollen dem Herrn dienen. (Josua 24,15)
Dieses Haus bietet Sicherheit, Schutz, Nahrung, Unterkunft, Arbeit , Gemeinschaft . Wichtiger Bestandteil sind deshalb auch die Vieherden und ihre Weide- und Wasserplätze. Deshalb gibt es eher wandernde Nomadenunterkünfte in Zelten, als feste Hütten und Standplätze. So ist es Aufgabe, besonders des Familienoberhauptes für Frieden und Eintracht innerhalb des Hauses und mit den Nachbarn zu sorgen. (siehe am Beispiel Abram und Lot 1.Mose 13, 1-13)
Jesus würdigt im NT besonders die Kinder und hebt sie heraus (Math. 18,3) als Vorbilder um ins Himmelreich zu kommen. Die ersten Christen leben zusammen in Gemeinschaft (siehe Apostelgeschichte 2, 41-47) und verstehen sich als Familie Gottes, als Brüder und Schwestern, sie üben sich in der Nächstenliebe auch unter Beachtung des 4.Gebots, was auch schon im AT Richtlinie für Eltern und Kinder bis ins Alter hinein war. (5.Mose 5,16)
Die 10 Gebote im AT (5.Mose 5) und Jesu Aufruf zur Erfüllung (Math.5,17ff) sowie seine Zusammenfassung der Gebote (Math.22,34 ff) sind den Menschen damaliger Zeit gegeben und damit Aufgabe zugleich für die Familien. So folgten christliche Familien den damaligen Sitten nicht: Sie trieben nicht ab und setzten Kinder nicht aus.
Eine Grundhaltung hat alle Zeiten und ihre Strömungen überdauert: Christliche Eltern geben ihre von Gott erfahrene Liebe und Annahme an ihre Kinder weiter, indem sie diese ihren Kindern und sich selbst gegenüber leben.

2.6.2. Familie heute

Familienplanung

Vielfältige Verhütungsmöglichkeiten erleichtern heute die Familienplanung. Bei der Entscheidung für ein Kind vertritt die Frau eine gleichberechtigte und selbstbewusste Position. Familie und deren Planung spielt sich heute in der kleinsten Zelle der Gesellschaft zwischen Mann und Frau in einer Beziehung ab. Insgesamt sind etwa 1/3 der Gesellschaft in der Verantwortung für die nachwachsende Generation. Das führt vielfältig zu Konflikten, weil die anderen 2/3 ihre Mitverantwortung aus den Augen verlieren. Verschärft wird der Konflikt durch die Überalterung unserer Gesellschaft, welche verstärkt ihre Interessen ins Blickfeld rückt und vergisst, das nur eine nachwachsende neue Generation diese sichern kann. So stehen alle Mitglieder der Gesellschaft in der Verantwortung ein Klima zu schaffen, was Anreiz ist für eine Verjüngung der Gesellschaft durch mehr Nachwuchs.

Familie und Beruf

In einer Gesellschaft voller Leistungsdruck und Karrieredenken lassen sich Familie und Beruf schwer miteinander in Einklang bringen. Oft bedeuten sie Verzicht , den auch der Staat mit Vergünstigungen für Familien nicht ausgleichen kann. Die Schaffung einer familien-freundlichen Atmosphäre ist einerseits Aufgabe des Staates und andererseits der Gesellschaft.
Beide müssen den beständigen Mehrwert eines Kinderreichtums für Gegenwart und Zukunft hervorheben, gegenüber dem oft flüchtigen Wert an materiellem Besitz auch bei erfolgreicher Karriere.

Ehescheidung

Eine steigende Anzahl von Ehescheidungen zeigt, das oben benannte Probleme bis in die kleinste Zelle die Gemeinschaft von Mann und Frau in der Ehe vorgedrungen sind.
Heute fehlt oft das unterstützende Umfeld, was innerhalb der Großfamilien vergangener Zeiten gegeben war. Diese machte die Entscheidung für mehr Kinder bei gleichzeitiger beruflicher Tätigkeit leichter, da mehr Rückhalt und Sicherheit im Familienclan bestand.
Heute sind eigene Entfaltung und Selbstverwirklichung unter Aufgabe der Beziehungen zueinander an der Tagesordnung, weil sie keiner Kompromisse bedürfen. Freiheit durch Beziehungslosigkeit oder auf Kosten anderer führt am Ende in die Isolation. Doch ohne jegliche Beziehung kann der Mensch nun mal nicht leben. Darum sind gute Beziehungen notwendig und ermöglichen von Nächstenliebe getragen auch die eigene Entfaltung und Verwirklichung.

Nichteheliche Lebensgemeinschaften

Als Alternative zur Ehe sind Lebensgemeinschaften gleichwertig, wenn auch vor dem Gesetz nicht verbindlich und darum jederzeit lösbar. So gibt es keine „unehelichen" Kinder mehr, da die Eltern grundsätzlich beide verantwortlich sind, egal in welcher Lebensform sie leben.
Lebensgemeinschaften, welche sich selbst in die Pflicht nehmen sind besonders wertvoll, besonders dann, wenn gesetzlich keine Verpflichtung besteht. Eine Entfaltungsform, welche jedoch staatlich weniger gefördert wird und auch

weniger geschützt ist, aber dem Trend nach freier Entfaltung und Selbstverwirklichung gerecht werden kann.

2.6.3. Verständigung miteinander

Variante 1

Tochter: Ich gehe heute ins Kino !
Vater: Willst Du nicht lieber Zuhause bleiben, wenn ich die DVD besorge ?
Tochter: Nein, ich will mit meiner Freundin zusammen gehen.
Vater: Lade sie doch zu uns ein, ich besorg auch Cola und Chips.
Tochter: Das wird aber teuer für Dich.
Vater: Wir haben ganz sicher viel Spaß.
Tochter: OK. Ich suche aber den Film aus.
Vater: Gut. Hauptsache wir haben zusammen einen tollen Nachmittag.

Variante 2

Tochter: Ach, bitte, darf ich heute ins Kino ?
Vater: Nein, Du kannst ja Zuhause die DVD anschauen.
Tochter: Aber meine Freundin kommt doch mit.
Vater: Die kannst Du auch einladen, hier gibt's auch Cola und Chips.
Tochter: Du musst doch aber nicht soviel für uns ausgeben.
Vater: Lass das mal meine Sorge sein.
Tochter: OK. Darf ich den Film aussuchen ?
Vater: Ja. Das wird ein toller Nachmittag.

Variante 3

Tochter: Ich möchte sehr gerne heute ins Kino gehen, aber nicht gegen Deinen Willen.
Vater: Ich möchte, das Du Dir lieber Zuhause die DVD anschaust, ist vernünftiger.
Tochter: Darum kommt ja auch meine Freundin mit ins Kino.
Vater: Lass uns alle gemeinsam bei Cola und Chips den Film angucken.
Tochter: Ja toll. Zuhause oder im Kino, was meinst Du ?
Vater: Zuhause. Suchst Du dafür die DVD aus ?
Tochter: Ja mach ich. Schön.
Vater: Ich freue mich auf den tollen Nachmittag.

2.6.4. Bearbeitung eines Gesprächsprotokolls

Die besorgte getrennt lebende Mutter hat Angst ihren Sohn an seinen Vater zu
verlieren, fühlt sich schuldig an seiner Zerrissenheit und ist bereit dafür auch
ihre Mutterrolle zu opfern. Sie hat damit auch ihre eigene Zerrissenheit der
Gefühle ihrem Mann gegenüber verdrängt und auf ihren Sohn übertragen.
Dieser erzählt freudig und gern von seinem Vater und von seinem Wunsch nach
einer heilen Familie.
Sie macht ein Wechselbad von Eltern-Ich der Sorge, über Kindheits-Ich des
Schuldigseins und der Angst und Erwachsenen-Ich des Vernünftigseins und der
Lösungssuche durch.
In dieser Krisensituation holt sie der Telefonseelsorger einfühlend und
interpretierend ab, um auch wertend einen Hinweis auf ihre wichtige Mutterrolle
zu geben. Er sondiert die Fähigkeiten des Sechsjährigen zwischen den
Fähigkeiten von Vater und Lebensgefährten zu unterscheiden. Er sondiert ihre
Gefühlswelt und die damit verbundene Unsicherheit und interpretiert diesen
unentschiedenen Zustand des Umgangs der Eltern untereinander und so
übertragend auch mit ihrem Sohn als Ursache der Krise und weist stützend den
Lösungsweg. Damit wird der Mutter die Situation klar und sie weiß, was sie zu
tun hat: Mit ihrem Mann reden und klare Beziehungen schaffen, damit jeder,
auch ihr Sohn weiß, woran er ist.
So wird aus einer ängstlich besorgten Mutter am Anfang des Gesprächs , das im
Verlauf durch die geschickte Strukturierung des Seelsorgers für immer mehr
Aufhellung sorgt, da sich die Frau auch vertrauensvoll diesem Verlauf öffnen
kann, eine Frau, welche am Ende, als das Gespräch seinen Höhepunkt erreicht,
Klarheit für ihr künftiges Handeln erlangt hat.

2.6.5.Beschreibung einer krisenhaften Situation und deren
Bewältigungsmöglichkeiten

Mit der Diagnose Krebs gerät der Betroffene in eine tiefe Lebenskrise, die sein
bisheriges Leben grundlegend verändert.
Er ist in seiner Person ganz individuell betroffen, weil er lebensbedrohlich
erkrankt ist.
Diese körperliche Erkrankung hat auch schwere seelische und geistige
Auswirkungen.
Sein soziales Netzwerk verändert sich, weil er förmlich aus dem normalen
Gemeinschafts- und Kommunikationsbezug herausgezogen wird. Arbeit,
Familie, Freunde, Kollegen, Partner bekommen plötzlich einen neuen Bezug.
Seine Welt (Umwelt) verändert sich. Krankenhaus, Ambulanz, Chemotherapie,
Bestrahlung,
Ärzte, Krankenschwestern, Therapeuten, Seelsorger füllen den Tag. Auch der
Partner, die Familie, Freunde rücken näher.

Die Frage nach dem Warum ?, dem Sinn des Lebens, der Angst vor dem Tod, nach Gott werden laut. Verbunden auch mit der Frage nach sich selbst, nach Wünschen, Sehnsüchten, einer Analyse des Bisherigen und einer Prognose des Zukünftigen.

Zur Bewältigung dieser Krise gilt es Ressourcen zu entdecken, welche sich in den einzelnen Lebensbezügen verbergen. Die Krise als Chance zu nutzen und zu erkennen, dass die Krankheit auch Vorteile mit sich bringt und einen Neuanfang bedeuten kann.

Für die eigene Person gilt es den Menschen in seiner Ganzheit aus Körper, Geist und Seele wahrzunehmen. Um die Gesundung des Körpers zu unterstützen ist es lebensnotwendig, sich der körpereigenen Selbstheilungskräfte bewusst zu sein und diese durch eine positive Erwartungshaltung zu aktivieren. Ich als Person stelle mir ganz individuell mein bestes Team für den Heilungsprozess zusammen.

Meine Krankheit bringt mir auch Vorteile. Ich muss nicht arbeiten, werde versorgt, habe Zeit, bekomme mehr Aufmerksamkeit und Zuwendung. Dank meines neuen sozialen Netzwerks.

Meine neue Umwelt verschafft mir neue Eindrücke, neue Kontakte, neues Wissen, neue Erfahrungen. Ich erfahre Beziehungen neu. Sprachlosigkeit in der Familie, Berührungsängste der Freunde, einen geschockten Partner. Aber auch das Aushalten können dieser Situationen, das Zuhören des Seelsorgers, das aufmunternde Lächeln der Schwester, die gefühlvolle Aufklärung des Arztes, die haltende Hand des Partners, längst überfällige Besuche von Angehörigen, Erstaunen darüber, wer die wirklichen Freunde sind.

Dann ist da immer wieder die Angst vor dem Tod und die Hoffnung auf ein Weiterleben danach. Gibt es einen Gott ? Hilft er mir ? Warum ich ? Warum ich nicht ? Wie viel Zeit habe ich noch ? Wie nutze ich sie ? Was sind jetzt meine Prioritäten ? Wünsche, Sehnsüchte ?

Sorge Dich nicht. Lebe. Hier und Heute. Im Jetzt. Fange jeden Tag neu damit an.

Das schlimmste was passieren kann, Du stirbst, aber das musst du eines Tages sowieso. Aber jetzt noch nicht. Und wer weiß, vielleicht geht's danach ja erst richtig los: Das ewige Leben.

2.7. Die Seelsorge als Begleitung Jugendlicher

2.7.1. Eigenes Erleben als Jugendlicher

- Als ich 12 war ist unsere Familie von Bernburg nach Halle umgezogen. Halle-Neustadt war für mich ein völlig neues Umfeld, eine Großstadt in der besonders in Neustadt viele Arbeiterfamilien mit vielen Kindern wohnten, Neubaublocks schossen wie Pilze aus dem unbebauten westlichen Vorland von Halle, Schulen, Kaufhallen. Das Umfeld musste erst noch wachsen. Wir spielten in den Sandbergen der Baustellen, in den noch zugänglichen Versorgungsgängen welche die Häuserblocks miteinander verbanden. Ideal für Bandenkämpfe unter 10-15 jährigen. Da ich der Neue war, schüchtern , aus der Kleinstadt kommend, hatte ich keinen leichten Stand, mich zu behaupten. Genauso in der Schulklasse. Das Lernen fiel mir leicht, schnell war ich der Klassenbeste, für die anderen der Streber. Andererseits aber auch gern gesehen, wenn die Not vor Klassenarbeiten am größten war. So zog ich mich auch oft zurück, um viel zu lesen oder Geige zu spielen. Ein ruhiger, zurückhaltender, kameradschaftlicher, sehr intelligenter Zeitgenosse, der auf die leise Art seine Ziele und Wünsche umsetzte. Jedoch eher schüchtern, als selbstbewusst. Nicht vor Lehrern, aber in der Gruppe unter Gleichaltrigen, da wo es an Anerkennung mangelte. Gern hätte ich auch hier zu den Starken gehört, wenn ich nur nicht so ängstlich und schüchtern gewesen wäre.
- Mit meinen Eltern und Lehrern kam ich gut zurecht, es gab ja auch nichts zu beklagen. Weniger mit meinem Musiklehrer, da trotz Übung mein Talent eher mäßig war und ich dann auch oft die Lust daran verlor.
- Ich habe 2 Schwestern zwei und acht Jahre jünger und einen Bruder vier Jahre jünger. Die Mädchen und die Jungs teilten sich jeweils ein Kinderzimmer. Außerdem wohnte neben den Eltern auch die Oma noch mit in der 100qm großen 5-Raum-Neubau-wohnung. Meine Schwestern hatten ihr Reich, um das sie stritten, mein Bruder und ich unser Revier, um das wir kämpften. Mehr innerhalb des eigenen Kinderzimmers, als mit dem gegenüberliegenden. So verstand ich mich mit beiden Schwestern gut, besonders mit der Jüngsten. Mit meinem Bruder gab es dagegen oft Streit, da ich der Größere, er aber der gar nicht schüchterne und selbstbewusstere war. Wenn es also darum ging mich bei Machtkämpfen mit meinem Bruder und auch mit Gleichaltrigen zu behaupten, zog ich oft zunächst den kürzeren, weil es mir an Durchsetzungsvermögen bei der direkten Auseinandersetzung mangelte und ich ihr auch lieber aus dem Wege ging. Mit Taktik und Intelligenz habe ich im weiteren Verlauf, jedoch auch oft den Sieg davon getragen.

- Ich bin in einem christlichen Elternhaus aufgewachsen, habe mich besonders als 14-17 jähriger intensiv mit meinem neuapostolischen Glauben auseinandergesetzt, um ihn letztendlich für mich selbst als gut und richtig zu empfinden. Allerdings habe ich gerade erst in den letzten Jahren mein gutgläubiges Christ Sein zu einem mündigen Christ Sein weiterentwickelt und dadurch mein Blickfeld geweitet und meine Wahrnehmung vertieft.
- Besonders aktiv war ich in dieser Zeit in der Jugendgruppe der Gemeinde, in Chor und Instrumentalgruppe. Viel Spaß haben mir die Mitarbeit und die Auftritte des Jugendchores Halle/Leipzig/Gera gemacht, wo ich jahrelang Mitglied war. Gern sehe ich mir noch heute Videoaufzeichnungen davon an oder besuche die Konzerte des mittlerweile 25-jährigen Chores.

2.7.2. Vier Dimensionen betrachtet

Ich möchte die Lebensphase des Jugendlichen Jörg beschreiben:

Meine Lebensphase als Jugendlicher betrug ca. 10 Jahre, von 12 bis 22. Dabei waren die vier Dimensionen Gruppenzugehörigkeit, Sexualität, Arbeitswelt und Wertewelt immer sehr unterschiedlich gewichtet. Am Anfang hatte ich Probleme meinen Platz in der Gruppe der Gleichaltrigen zu finden. Da spielte auch Sexualität noch keine Rolle. Ich konnte mich mit meinen sehr guten schulischen Leistungen identifizieren. Probleme mit Eltern und Lehrern gab es daher nicht. Mehr mit der Clique einiger Klassenkameraden, an der ich mich nicht beteiligte und darum als Außenseiter und Klassenprimus galt. So wusste ich auch nicht, welche Musik in war, welche Klamotten, wie eine Zigarette schmeckte oder wie geküsst wurde. Trotzdem verschloss sich die Clique mir nicht und die Jungs beteiligten mich an den aktuellen Mutproben, während die Mädels mir das Küssen beibrachten.
Mit dem Wechsel ans Gymnasium mit 15 verschob sich auch die Gewichtung. Die Identifikation allein über schulische Leistungen war so nicht mehr möglich, da ja viele meiner Mitschüler genauso gut und besser als ich waren. Dadurch gelang auch die Verständigung mit meinen Klassenkameraden viel besser und es bildeten sich schnell Gruppen mit gleichen Interessen heraus. Jedoch eher gleichen Geschlechts. Zu den Mädchen bestand zwar verlangender Blickkontakt, aber deren Interesse galt oft den Jungs der höheren Klassenstufen, so dass nur die Selbstbefriedigung Entspannung brachte. Innerhalb der Gruppe von 2-3 Schulfreunden und innerhalb der Gruppe von 2-3 Freunden aus der Gemeinde diskutierten wir lange und viel über Gott und die Welt, versuchten die Zusammenhänge zu verstehen, zu begreifen und so den Sinn des Lebens zu erkennen und unseren Platz darin zu finden.

Mit 18 ein halbes Jahr vor den Prüfungen zum Abitur lernte ich A..., 16, ein kesses Mädchen innerhalb der Jugendgruppe unserer Gemeinde kennen. Wir hatten beide ein Auge aufeinander geworfen. Ich nahm meinen ganzen Mut zusammen, sprach sie an, brachte sie Nachhause und schnell war klar: Wir sind ein Paar. Nun verschoben sich die Dimensionen total. Im Mittelpunkt meines/ unseres Daseins stand nur noch das Verliebt sein. Schule, Freunde, Familie wurden an den Rand gedrückt. Ein ganz neues Lebensgefühl mit diesen Schmetterlingen im Bauch tat sich mir auf. Nur gut, dass mir schulisch vieles zufiel, ohne groß büffeln zu müssen. So war das Abitur nicht in Gefahr und ich konnte es mit Sehr Gut abschließen.

Von 19-20 während der 18 Monate Grundwehrdienst wurde aus Verliebt sein wahre Zuneigung und Liebe füreinander. Gerade auch, weil Sexualität die Ausnahme und langes Getrenntsein die Regel war. Die Entfernung war groß, Ausgang und Urlaub (gerade mal 18 Tage in 18 Monaten) bildeten die gemeinsamen Höhepunkte, der lange Rest jedoch war Prüfung und Bewährung für uns. Der Armeealltag war bestimmt von Truppenzugehörigkeit, versuchter Wertebildung und disziplinierter Diensterfüllung. Eine harte Schule. Befehle bestimmten den Tagesablauf, eigenen Freiraum gab es kaum, der musste geschickt erkämpft werden. In der Truppe bestimmte die Länge der Zugehörigkeit klar die Hierarchie. Diesen Autoritäten galt es mit Geschick, Geduld und Ausdauer, aber auch mit Gelassenheit und stillem Humor zu begegnen. Gegendruck und Gewalt waren sinnlose Unterfangen und kamen für mich ja eh noch nie in Frage.

Mit 21 begann mein Leben neu. Schulzeit, Abitur, Armee hatte ich hinter mir gelassen. Im Sommer 85 wurde geheiratet. Nun waren A... und ich ein jungvermähltes Paar, dem die ganze Welt offen stand. Hochzeitsreise in die Tschechei und danach Einzug in die eigene 2-Raum-Neubauwohnung (besorgt von meinen Eltern) mit kompletter Einrichtung (selbst erarbeitet als Akkordarbeiter in der Dachdeckerbrigade des Schwiegervaters) und einem neuen Trabi vor der Haustür (Hochzeitsgeschenk von A...s Eltern). Alle Dimensionen des Jugendlichen Jörg waren perfekt. Zugehörigkeit zu Ehe, Familie und Freunden, lustvolle und befriedigende Sexualität und von Liebe getragene Partnerschaft, feste Wertvorstellungen gegründet im christlichen Glauben und spürbare Anerkennung in der Gemeinschaft der Mitmenschen.

Dann begann im Herbst 85 mein Physikstudium an der Martin Luther Universität in Halle. Und da war sie wieder: die Schulzeit war zurückgekehrt, nur in einem anderen Gewand. War ich bisher immer unter den besten Schülern gewesen, fand ich mich nun unter den schlechtesten Physikstudenten wieder. Damit kam ich überhaupt nicht klar, ich verzweifelte bei dem Versuch Anschluss zu finden, um eine feste Grundlage für die Dauer des Studiums zu besitzen. Das misslang und ich verlor mehr und mehr den Mut. Mir fehlte auch der rechte Halt durch meine Mitstudenten, da ich nicht im Internat, sondern in meinem schönen neuen Zuhause wohnte. Für mein Studium eher ablenkend, statt förderlich. Zudem hatte ich ja im Sommer 85 mein für mich perfektes

Leben schon kurz kennen gelernt. So schmiss ich schließlich nach langem zähen Ringen im Herbst 86 mein Studium hin, um mit 22 mit dem Eintritt in die Arbeitswelt als Mitarbeiter bei der Deutschen Post meine vier Dimensionen als für mich stimmig zu erkennen.
Damit war aus dem Jugendlichen Jörg ein junger Erwachsener geworden.

2.7.3. Bearbeitung Gesprächsprotokoll

Die 16-jährige Jugendliche hat ein Haufen Probleme, fasst sich ein Herz und ruft etwas aufgeregt bei der Telefonseelsorge an. Da sie Schwierigkeiten mit ihren Eltern hat möchte sie ihre Rechte wissen, besonders ob sie, die Erlaubnis braucht, wenn sie Samstag Abend ausgehen will. Es ist eher das zähe Ringen, was ihr dabei nicht behagt. Andererseits möchte sie sich aber auch nicht erniedrigen, um heulend ihr Ziel zu erreichen. Dabei kommen auch gleich noch eine Vielzahl anderer Probleme zur Sprache, die Suche nach dem richtigen Freund, ihr Gefühl zwei linke Hände zu haben, in der Schule versagt zu haben, ihre Beziehung zur jüngeren Schwester und die Unstimmigkeiten der Eltern untereinander.
Sie befindet sich ganz deutlich auf der Suche nach ihrem Platz innerhalb dieser Beziehungen. Innerhalb der vier Dimensionen Gruppenzugehörigkeit (Clique mit der sie Samstags ausgehen möchte),Schulwelt (Gymnasium was ihr zu schwer war), Sexualität (Suche nach dem richtigen Freund), Wertewelt (Vorbildfunktion für die kleine Schwester).
Dabei kommt es zu Spannungen mit den Eltern, weil sie es selbst schaffen möchte, sich so von den Eltern löst und beide Seiten erst noch lernen müssen, damit umzugehen.
Der Telefonseelsorger sondiert durch geschickte Fragen (TS 2-4) die Situation, hilft stützend die Zusammenhänge zu verstehen(TS5), verhilft ihr durch eine suggerierende Fragestellung(TS 6-9) zur Bewertung ihres Platzes innerhalb ihrer Dimensionen, sondiert erneut (TS 10,11), zeigt Verständnis (TS 12-14), gibt Auskunft (TS15), stellt Alternativfragen um weiter zur Klärung ihres Platzes beizutragen (TS 16-19), zeigt Verständnis für die Vielzahl der Probleme, fasst sie zusammen und bietet ein ausführliches persönliches Gespräch als Lösungsweg an(TS 20-23). Er ist während des ganzen Gespräches durchweg im Erwachsenen-Ich , um ihr Erwachsen Sein zu bestätigen und zu stärken. So bleibt er auf Augenhöhe und verfällt nicht ins autoritäre und belehrende Eltern-Ich und auch nicht ins Verantwortung abgebende Kindheits-Ich. Damit fordert er das Erwachsenen-Ich der Jugendlichen heraus, ihren Standort selbst heraus zu finden und sich vom Kindheits-Ich zu lösen.
Ist die Jugendliche am Anfang des Gesprächs noch voller Sorgen und Unsicherheit, so ist sie am Ende zu der Erkenntnis gekommen, schon einen Großteil ihres Weges in die Eigenständigkeit geschafft zu haben. Und sie ist frohen Mutes mit Hilfe des vereinbarten Beratungstermins auch noch den Rest

zu bewältigen. Ihr am Anfang um Rat fragendes unsicheres und ängstliches Kindheits-Ich , aber auch ihr durch die Belehrungen der Eltern geweckes Eltern-Ich in der Mitte des Telefonats sind am Ende des Gesprächs dem ihren Platz erkennenden Erwachsenen-Ich gewichen, was sich darauf freut beim vereinbarten Beratungstermin auf ein anerkennendes Erwachsenen-Ich des Beraters zu treffen.

2.7.4. Begleitungsversuch

S..., 18, Azubi

Hat mit 17 erste Lehrstelle in der Autowerkstatt geschmissen, versucht jetzt in seiner Lehre zum Bademeister besser mit der Autorität der Lehrer/Ausbilder klar zu kommen, tritt sehr selbstbewusst auf, ist bei den Mädchen sehr beliebt, bewohnt die Einliegerwohnung im Haus der Mutter, die sich mit der Oma den Rest des Einfamilienhauses teilt. Am Wochenende ist Party angesagt, auch in seiner Dachgeschosswohnung, wo mit den Kumpels und auch immer mal mit einem anderen Mädchen die Nacht zum Tag gemacht wird. Das führt zu Konflikten mit der Mutter, welche konsequent für eine angemessene Lautstärke sorgt. Oma bemuttert ihn, was ihm so aber auch nicht gefällt. Sein Vater, wohnt zwar im Haus gegenüber, interessiert sich aber mehr für sich und seine neue Lebensgefährtin als für die Probleme seines Sohnes. Als Freund seiner Mutter P..., bin ich zwar selten in diesem Mehrgenerationenhaus zu Besuch (wenn, dann eben auch meist am Wochenende), trotzdem konnten S... und ich ein offenes und freundschaftliches Verhältnis zueinander entwickeln.

Hallo S...,

da ich Euch nun schon lange nicht mehr besuchen konnte, schicke ich Dir heute einfach mal diese Mail.
Als ich letztes Mal mit P... telefonierte, hörte ich nur, dass ihr beide heftig am diskutieren wart. Ich glaube es ging gerade darum diesmal mehr Rücksicht auf die schlafenden Mitbewohner zu nehmen, bei Deiner für Samstag geplanten Party mit Deinen Freunden. Ich finde es richtig, miteinander darüber zu reden. Meiner Meinung nach die beste Möglichkeit Dich mit Mutti und Oma zu verständigen und eine gute Lösung zu finden. Wie wäre es, wenn ihr einen Teil des Abends alle zusammen Monopoly spielt ? Hat doch immer riesigen Spaß gemacht. Ich glaube, dann werden die beiden prima schlafen und ihr könnt noch gemütlich Party machen. Schade dass ich nicht dabei sein kann, denn ich hätte auch gern mal Deine neue Freundin kennen gelernt. Ich wünsche Euch auf jeden Fall viel Spaß miteinander.
P... teilte mir auch ganz erfreut mit, dass Dein Zeugnis für dieses Lehrjahr richtig gut ausgefallen ist, trotz Deiner anfänglichen Schwierigkeiten mit den Lehrern. Ich finde es klasse, wie Du das in den Griff bekommen hast. Weiter so. Eine gute Gelegenheit, es auch gleich mal Deinem Vater zu zeigen.

Und sollte Oma wieder zu viel für Dich gekocht haben, frier den Rest einfach ein. Einer Deiner Partygäste bekommt nachts bestimmt noch mal Hunger. Schreib mir dann doch einfach mal, wie es gelaufen ist.
Bis dann Jörg

In meinem Brief an S... versuche ich, ihm auf Augenhöhe zu begegnen. Dabei möchte ich möglichst im Erwachsenen-Ich bleiben. Ihn dort abholen, wo er gerade ist. Ihm Mut machen und ihn bestärken. Ihm eine Lösungshilfe anbieten und Verständnis zeigen, ihm auch Anerkennung für erreichte Ziele schenken und seine Freude darüber mit ihm teilen. Ich habe versucht, ohne ein belehrendes Eltern-Ich auszukommen und nicht in ein spielerisches Kindheits-Ich zu verfallen. Ersteres ist mir besser gelungen, letzteres weniger. Mein Brief tendiert dazu ein spielerisches Angebot zu machen, zu locken, zu verführen. Pendelt zwischen den Ich-Zuständen, um das Erwachsenen-Ich zu finden.

2.8. Ehe und Partnerschaft, die mittleren Jahre

2.8.1. Eigenes Erleben der mittleren Jahre

Ich hatte bis heute mehrere Partnerschaften, mit ganz unterschiedlichen Erfahrungen.
Erstens meine Ehe von 1985-92
In den ersten 5 Jahren gab es keine nennenswerten Konflikte. Wir führten eine harmonische Ehe und fühlten uns rundherum glücklich. Dabei merkten wir nicht, wie unmerklich der Alltag einzog und den Traum vom dauerhaften Glück zerstörte. Wir achteten auch nicht darauf, was sollte uns schon passieren, da oben auf Wolke 7. Es traf uns unvorbereitet. Wir spielten mit dem Feuer und verbrannten uns gewaltig, bei dem Versuch Sex mit einem anderen Partner zu haben. Partnertausch mit einem anderen Ehepaar. Das Neue, Unbekannte reizte. Schenkte auch Lusterfüllung und Befriedigung. Drang aber in unsere bestehende Beziehung ein und zerstörte sie letztendlich. Der Grund, wir hatten nie geredet über unsere geheimen sexuellen Wünsche, sie nie klar angesprochen. Die Grenzen nicht abgesteckt, den Zusammenhang zwischen Liebe und Begierde nicht gekannt oder gar erkannt. Für uns gab es nur Liebe oder Begierde. Entscheide Dich. Ich habe mich für die Begierde mit der Anderen, sie sich für die Liebe mit mir entschieden. Ich trennte mich. Sie reichte die Scheidung ein. Jahre später konnten wir uns darüber aussprechen und unsere gescheiterte Ehe analysieren und verarbeiten. Heute pflegen wir freundschaftlichen Kontakt.
Zweitens meine Affäre 1993
Trennung, Ehescheidung, von der Begehrten verstoßen; stürzte ich mich in die Affäre mit einer älteren verheirateten Frau, da ich das Alleinsein nicht ertragen konnte. Hilfe von außen hatte ich keine, stieß viel auf Unverständnis in der Familie, Kopfschütteln bei Bekannten und die echten Freunde ließ ich nicht an mich heran.
Drittens meine Partnerschaft von 1994- 2003
Eine neue Liebe. Ein Zusammenspiel von Liebe und Begierde, dauerhafte Kommunikation auf allen Ebenen. Bewältigung des Alltags mit all seinen Sorgen und Problemen. Ihr Sohn. Neue Erfahrung und Herausforderung, da keine eigenen Kinder vorhanden. Gemeinsame Selbstständigkeit. Höhen und Tiefen im Geschäft. Gemeinsame Eigentumswohnung. Geldsorgen. Trauer, Tod in der Familie und im Bekanntenkreis (mein Vater mit 57, ihr Schwager mit 47) Von Krisen überwältigt, Existenzangst, Arbeitslosigkeit ihrerseits und Neuorientierung im Beruf, Fokussierung auf den Verlust des Vaters und die Regelung des komplexen, risikobehafteten Nachlasses meinerseits, gegenseitige Isolation, sexuelle Probleme, Konflikte mit der Verwandtschaft, besonders im Umgang mit dem Erbe durch die Verwaltung meinerseits. Vernachlässigung des eigenen Ich und der Partnerschaft. Mein Fokus, Verarbeitung des Verlusts durch Übernahme der väterlichen Position unter Inkaufnahme des Zerbrechens meiner

Partnerschaft. Ihre Flucht nach vorn, Ausbruch aus meinem Umfeld, indem ich sie ja sowieso schon nicht mehr wahrnahm. Distanz statt Nähe. Kein Sex, dafür tiefe Verbundenheit und Liebe, Seelenverwandtschaft wieder hergestellt, weiter vertieft und bis heute beidseitig erhalten.

Viertens meine sexuelle Beziehung 2004

Sexuelle Erfüllung ohne Liebe meinerseits, Suche auch nach Liebe ihrerseits, d.h. unterschiedliche Motivation und Zielstellung; Erkenntnis des eigenen Egoismus, Beendigung der Beziehung meinerseits.

Fünftens mein Singledasein 2005

Genuss des Alleinseins, auch der ungehemmten sexuellen Freiheit, in Sexclubs, im Bordell, im Swingerclub, in der Table- Dance Bar. Treffen, Dates mit gleichgesinnten Frauen oder auch Pärchen.

Sechstens meine Partnerschaft 2006-08

Beiderseitige Zuneigung, ständige Kommunikation, offener Umgang mit Gefühlen, mit Erlebten aus der Vergangenheit, keine Geheimnisse, Anerkennung und Akzeptanz von Vergangenheit, Gegenwart und Zukunft Offenheit, Ehrlichkeit, Nähe, Distanz, Liebe und Begierde sind im Fluss, stetig in Bewegung, mal mehr, mal weniger, mal zusammen, mal getrennt.

Zusammenfassend

Ich war und bin bis heute lernfähig, ständig auf der Suche nach Orientierung und Positionierung. Ausgehend vom traditionellen statischen Ehe-Bild, der Unauflöslichkeit, der ewigen Liebe, welche damals aus meiner Sicht keiner Wachsamkeit und Pflege bedurfte, wie ein Selbstläufer und als gegeben erschien. Über das Vorhandensein und Begehren nach weiteren auch sexuellen Erfahrungen. Das Erleben von Höhen und Tiefen in der Partnerschaft, verbunden mit der ganzen Bandbreite äußerer Einflüsse. Die damit verbundenen Gefahren für die Partnerschaft bis hin zur räumlichen und sexuellen Trennung. Das Erleben von Liebe, Verbundenheit , Seelenverwandtschaft, welches Bestand hat über Körperlichkeit und Sexualität hinaus, also trotz Trennung. Ein Extrem. Dagegen das andere Extrem in totaler Auslebung der eigenen Triebfähigkeit ohne innere Verbundenheit, und doch körperlich und sexuell zutiefst vereint. Ankommend beim offenen Partnerschafts- und Ehe-Bild, einer dynamischen Wechselbeziehung zwischen Mann und Frau in Bewegung zwischen Realität und Erwartung, getragen von Achtung, persönlichem Freiraum, Sympathie und Liebe für den Partner, nicht statisch, fest und vorgegeben, sondern dynamisch, offen, wechselhaft und fließend.

2.8.2. Mein Eheverständnis

Ich kann mich heute in keinem Punkt des traditionellen Eheverständnisses wiederfinden.
Als ich 1985 geheiratet habe, erwartete ich jedoch, dass genau all diese Punkte in Erfüllung gehen, wie Dauerhaftigkeit, Totalität, Uneingeschränktheit, Vollkommenheit, d.h. die Erfüllung aller meiner Bedürfnisse.
Heute weiß ich aus vielfältiger Erfahrung: eine Partnerschaft ist nicht die Erfüllung, das Ergebnis, sondern der Prozess, der Weg dorthin und harte Arbeit, besonders an mir selbst und meiner Beziehung zum Partner. Ich erkenne die Kluft zwischen Erwartung und Realität, denn ich bin begrenzt, fehlerhaft, eingeschränkt und unvollkommen. Wie kann ich da an meinen Partner unrealistische Erwartungen haben?
Also bin ich heute offen, so auch mein Partnerschafts-/Eheverständnis:
Achtung, d.h. meinem Partner auf Augenhöhe begegnen
Freiheit, d.h. Nähe und Distanz zulassen
Verantwortung, d.h. wechselseitiges Geben und Nehmen
Akzeptanz, der Fehlbarkeit und Bereitschaft aus Fehlern zu lernen, zu vergeben
Vertrauen, d.h. Offenheit zu allen Mitmenschen, über die Zweisamkeit hinaus
Sympathie, Veränderungen u. Entwicklungen beiderseits wohlwollend begleiten
Liebe, als schöpferische u alles verbindende Kraft entfalten und entfalten lassen.
Mit dieser Offenheit meines Verständnisses von Partnerschaft und Ehe bin ich nicht mehr passiv, starr und unflexibel (erwarte Erfüllung) sondern bin aktiv, beweglich und dynamisch an diesem Entwicklungsprozess beteiligt (trage zum Wachstum meiner Erwartungen in Richtung Erfüllung selbst bei).
Diese Offenheit geht auch über meinen unmittelbaren Partner hinaus, sind doch meine zwischenmenschlichen Beziehungen nicht nur beidseitig, sondern vielseitig, d.h. ich trete ständig mit einem/ mit mehreren Menschen in Beziehung/ Begegnung. Wie viel Sympathie und Liebe entfalte ich, wie dynamisch und wechselseitig ist dieser Prozess ? Wie aktiv bin ich ? Bin ich hier genauso offen ? Gott liebt jeden/alle Menschen. Kann ich das auch ? Ist meine Liebe/mein Begehren auf einen Menschen beschränkt ? Eröffnet sich hier nicht noch eine ganz neue Dimension, die über das Endliche in das Ewige führt ?
Neu nicht, aber göttlich, in seinem/unserem Prozess hin zur ewigen Gemeinschaft/ Partnerschaft mit ihm. Alles in allem. Total, ewig ,vollkommen.
Aber sicher auch dynamisch, wechselseitig und ständig in Bewegung.

2.8.3. Liebe und Ehe in AT und NT

„Gott ist die Liebe und wer in der Liebe lebt, der lebt in Gott und Gott lebt in ihm." 1.Joh.4,16

Gottes Liebe und Leidenschaft für uns Menschen zieht sich gleich einem roten Faden durch die Heilige Schrift, welche Zeugnis ablegt von seiner Schöpfungstat, seiner Liebe zu Israel, der Sendung seines Sohnes, seinem Heils- und Erlösungsplan für alle Menschen.

Apostel Johannes fasst dieses Zeugnis (siehe 1.Joh.4, 7-21) zusammen und bringt es (siehe oben) auf den Punkt.

Apostel Paulus beschreibt die Liebe im 1.Kor.13, dem Hohelied der Liebe.

Jesus hat es für uns wie folgt zusammengefasst, indem er Gottes Gebote an das Volk Israel in 5.Mose 6,4-5 und 3.Mose 19,18 als Angelpunkt des Gotteswillens bezeichnet. „Du sollst den Herrn, Deinen Gott, von ganzem Herzen, von ganzer Seele, mit all Deinen Gedanken und all Deiner Kraft lieben." und „Liebe Deinen Nächsten wie Dich selbst."

Er beschreibt damit unsere Beziehung/ Partnerschaft zu Gott, zu uns selbst und zu unseren Nächsten/Mitmenschen.

Für Gott gehören Liebe und Leidenschaft zusammen. Er wendet sich uns unaufhörlich zu, auch wenn wir es nicht tun.

Wir sind oft hartherzig und nur auf uns selbst bezogen. Unsere Beziehung zu Gott und den Mitmenschen darum nicht mehr heil, sondern sündig, d.h. abgewandt/ nur uns selbst zugewandt. So wurden wir uns auch erst unserer Nacktheit/ Blöße bewusst und entwickelten Schamgefühle Gott und dem Mitmenschen gegenüber (siehe Adam und Eva im Garten Eden, 1.Mose 3).

„So schuf Gott die Menschen nach seinem Bild, nach dem Bild Gottes schuf er sie, als Mann und Frau schuf er sie. Und Gott segnete sie und gab ihnen den Auftrag: Seid fruchtbar und vermehrt euch, bevölkert die Erde und nehmt sie in Besitz." 1.Mose1,27-28

„Es ist nicht gut für den Menschen allein zu sein." 1.Mose2,18

„Das erklärt, warum ein Mann seinen Vater und seine Mutter verlässt und sich an seine Frau bindet und die beiden zu einer Einheit werden." 1.Mose 2,24

So wie sich Gott uns liebevoll und leidenschaftlich zuwendet, wollen auch wir geschaffen nach seinem Bild uns liebevoll und leidenschaftlich ihm, uns selbst und unserem Nächsten zuwenden. Besonders in der Partnerschaft und Ehe.

Um unserer nur sich Selbstzugewandtheit/ unserer Sünde willen („Ihr werdet sein wie Gott....die Früchte waren so frisch, lecker und verlockend- und sie würden sie klug machen! Also nahm sie eine Frucht, biss hinein...da aß auch er..." 1.Mose3,5-6) gab uns Gott seine Gebote. Diese sprechen eine klare und deutliche Sprache, was unsere Beziehungen zu ihm und unseren Mitmenschen betrifft. Siehe 2.Mose 20,1-17. Hier sagt er uns auch: „ Du sollst nicht die Ehe brechen....Du sollst den Besitz deines Nächsten nicht begehren. Weder sein Haus, seine Frau, seinen Sklaven, seine Sklavin, sein Rind, seinen Esel oder sonst etwas, das deinem Nächsten gehört." Auch Jesus nimmt (siehe Matth.5,27 ff.) dazu Stellung „Wer eine Frau auch nur mit einem Blick voller Begierde ansieht, hat im Herzen schon mit ihr die Ehe gebrochen." Er packt damit das menschliche lieblose Begehren an seiner Wurzel: an der Selbstsucht, dem Neid, der Gier nach Besitz und Macht über den Mitmenschen, über Gott, welche in einem harten, lieblos begehrenden Herzen ihren Ursprung hat. Er appelliert umso deutlicher und konsequenter an unser weiches, liebevoll begehrendes Herz: „Ich aber sage: Liebt eure Feinde! Betet für die, die euch verfolgen!" Matth.5,44 Und das lebt es uns voll Liebe und Leidenschaft, voller göttlich liebevollem Begehren vor.

Abwendung von der Liebe, also von Gott führt in Lieblosigkeit, also Hartherzigkeit, in liebloses Begehren, den Neid.

Zuwendung zur Liebe, zu Gott schafft ein weiches, für Beziehung/ Partnerschaft/Ehe empfindsames Herz, ein liebevolles Begehren nach heilen Beziehungen zu mir, zu den Mitmenschen und zu Gott, die Lust.
Diese wird im Hohelied Salomos in lustvollen Bildern ausgesprochen und besungen.

Ehe und Eheverständnis sind in der Bibel sehr unterschiedlich und vielfältig:
Adam und Eva im Garten Eden, nackt und ohne Scham
Salomo, David u.v.a. in Polygamie mit vielen Frauen
Noah, Moses in Monogamie mit einer Frau
Abraham mit seiner Frau und deren Dienerin
Johannes der Täufer, Jesus, Paulus in Ehelosigkeit
Huren und Prostituierte gehörten zum Straßenbild, wie Bettler und Zöllner, Behinderte, Kranke, Verstoßene; von Jesus mit besonderer Zuwendung bedacht
Die Frau zählte zum Eigentum des Mannes, wie Haus, Hof, Sklaven, Weideplätze und Herden; Jesus stellt die Frau dem Manne gleich

Während die Botschaft von der Liebe vom Alten Testament über das Neue Testament bis in das Heute und für die Zukunft von Gott, seinem Sohn und dem Heiligen Geist kraftvoll und leidenschaftlich entfaltet wird,
ist das Zeugnis von der Ehe dem jeweiligen Verständnis unter den Menschen von Beziehung und Partnerschaft unterworfen und entfaltet sich ebenfalls leidenschaftlich(oftmals viel Leiden schaffend) , doch leider von der Beziehungsvielfalt in die Beziehungslosigkeit, wenn wir Gottes Botschaft von der Liebe nicht beachten und uns weiter eigennützig nur uns selbst zuwenden.

2.8.4. Aktuelle Diskussionen

Mit Homosexualität sollte genauso umgegangen werden, wie mit allen anderen Formen der Sexualität. Sexualität gehört zur sehr guten Geschöpflichkeit des Menschen. Als Geschöpfe Gottes sind alle Menschen vor Gott gleich (als sehr gut befunden) und von ihm geliebt. Genauso sollten wir uns auch begegnen . „Liebe deinen Nächsten wie dich selbst." Dann gelingt auch die Praktizierung einer beglückenden Sexualität, egal in welcher Form.

Generell sollte auch der Geschlechtsverkehr, als eine sehr intensive Form zwischenmenschlicher Beziehung auf Augenhöhe stattfinden und von den Partnern gewollt sein. Grundlage sollte das liebevolle gegenseitige Begehren sein. Nicht Egoismus oder Eigennutz. Zwischenmenschlichkeit lässt sich nicht auf die Ehe begrenzen und sollte auch nicht darauf begrenzt werden. In der Ehe sollte sie ihre Heimat finden.

Das gilt auch in nichtehelichen Lebensgemeinschaften, liebevolles gegenseitiges Begehren. Auch Achtung, Vertrauen und Verantwortung spielen bei jeder Form von Beziehung/Partnerschaft eine beziehungsfördernde Rolle. Auch außerhalb des Beziehungsrahmens Ehe. Innerhalb der Ehe sollten alle genannten Punkte bewusst sein, stets Aufgabe sein, damit sich die Liebe und ihre göttlichen Früchte voll entfalten können.

Ehe als Aufgabe, als wechselseitiger Prozess der Zwischenmenschlichkeit zur Entfaltung der Liebe und ihrer Früchte, ein göttliches Angebot. Besonders auch im Ausblick auf unsere Beziehung/Partnerschaft/Ehe mit Gott/ mit dem Heiligen Geist/mit Jesus Christus, welche ewig/unauflöslich sein wird. Auch mit allen Menschen in der ewigen Gemeinschaft bei Gott. Menschliche Daseinsform und Realität heute ist irdisch, begrenzt, fehlbar, beziehungsgestört, sündhaft/ da gottabgewandt. Ehen scheitern, werden geschieden. Auch alle anderen Formen zwischenmenschlicher Beziehung können scheitern, zur Trennung führen. Menschen wenden sich voneinander ab, von Gott ab. Gott wendet sich uns immer zu, denn Gott ist die Liebe. Sein Beziehungsangebot steht. Unauflöslich.

2.8.5. Resümee eines Vortrages

Ich möchte folgenden Kernsatz formulieren:

Wir sind mitten im Leben, leben wir es, hier und heute.

Leben ist Bewegung in Beziehung. Nicht starr und festgelegt, sondern stets offen und dynamisch. So auch der rote Faden im Vortrag der Landesbischöfin. Sie legt sich nicht fest, sondern hält den Blick der Zuhörer offen. Offen für die Lebensmitte, zeitlich gesehen, örtlich gesehen, geschlechtlich gesehen, in Beziehung gesehen, in Erfüllung gesehen und vom Ewigen her gesehen.(bezugnehmend auf ihre 6 Annäherungspunkte zur Lebensmitte)

Für mich persönlich habe ich folgendes mitgenommen:
Ich bin ein Beziehungswesen. Ohne Beziehung nicht lebensfähig. Ich bewege mich, d.h. ich lebe, indem ich mich ständig orientiere, zuwende/abwende, Beziehung praktiziere zu mir selbst, zum Nächsten, zu Gott.
Ich orientiere mich zeitlich, d.h. ich schaue in die Vergangenheit, in die Zukunft, um rauszufinden, wo ich heute bin.
Ich orientiere mich örtlich, d.h. ich überprüfe meinen Standpunkt, ist er festgefahren, starr, unbeweglich oder offen, dynamisch, entwicklungsfähig.
Ich orientiere mich geschlechtlich, d.h. auf mein Gegenüber, bin ich auf Augenhöhe, zugewandt oder vielleicht überheblich und abgewandt. Dabei prüfe ich auch, ob ich mit mir selbst im Reinen bin.
Ich orientiere mich an meinen Beziehungen, d.h. wo bin ich zugewandt, wo abgewandt, in Partnerschaft, Familie, Gesellschaft. Wo gelingen Beziehungen, wo nicht und wie gehe ich damit um.
Ich orientiere mich an meiner Zufriedenheit, d.h. habe ich Erfüllung/ Orientierung gefunden. Bin ich zufrieden mit mir, meinem Vertrauen/Glauben zu Gott ,von ihm geliebt zu sein, wie ich bin, auch in meiner Fehlbarkeit/ Abgewandtheit zum Nächsten mir mir zu ihm. Bin ich bereit für die Beziehung/ Partnerschaft mit Gott, sein Ebenbild zu sein. Bereit für die Liebe ?
Ich orientiere mich ewigkeitsbezogen, d.h. bin ich bereit über den Tellerrand zu schauen, wie Petrus übers Wasser (siehe Matth.14,28-31) zu gehen, ganz Gott/Jesus zu vertrauen ?Bin ich offen, für die göttliche Sicht, das ewige Leben, schon im Hier und Jetzt und auch im Angesicht des Todes ? Habe ich Angst, kann ich trotzdem und gerade dann vertrauensvoll Gottes/Jesu ausgestreckte Hand ergreifen ?

Ich erkenne ich bin mitten drin, mitten im Leben, in Bewegung, in Beziehung. Umhüllt von der Ewigkeit, von Gott, der ewig war, ist und sein wird.
Umgeben und angefüllt von Liebe (**L**ass **i**mmer **e**ine **B**rücke **e**ntstehen).
Mittelpunkt-Lebensmitte ; Grund für mich zu Freude und Gelassenheit.

2.9. Seelsorge bei alten Menschen

2.9.1. Eigene Annäherung an das Älterwerden

Ich bin 44 Jahre alt. Für mich bedeutet mein Älterwerden Schritt für Schritt zu erkennen, was mein Lebenssinn ist und diese meine Berufung mit dem was ich tue in Einklang zu bringen.
Dazu musste ich zunächst umkehren. Umkehren von der Gier nach dem immer noch mehr haben zu wollen. Mehr Wissen, mehr Besitz, mehr Macht, mehr Anerkennung, mehr Wohlstand.
Meine Umkehr, die Änderung meiner Lebensauffassung begann vor 7 Jahren mit dem Tod meines Vaters im Alter von 57 Jahren, als mir die Endlichkeit meines irdischen Daseins unmissverständlich vor Augen gestellt wurde.
Ich begann mich zu öffnen und ich begann mich zu trennen und loszulassen. Auszusteigen aus dem Laufrad der Pflicht, des Berufes, der Unmündigkeit des eigenen Willens. Umzusteigen auf die Eisfläche der Kür, der Berufung, der Selbstverantwortung.
Dieser Prozess war nicht leicht, wollte ich doch zunächst den Verlust nicht wahrhaben und nun gerade und noch schneller im Laufrad rennen, um schnell noch alles Begehrte an mich zu reißen, ehe auch meine Zeit abgelaufen war.
Doch die Insolvenz der Firma, deren Anteilseigner ich durch Tod und Erbe meines Vaters geworden war, beschleunigte diesen meinen Reifeprozess.
Heute habe ich losgelassen und befinde mich auf dem Eis. Ich kann mich befreit von allen Zwängen, so entfalten, wie ich es möchte, wie es gut für mich ist, mündig und eigenverantwortlich.
Heute weiß ich, mein Begehren, nur mir selbst der Nächste zu sein ist sinnlos. Sinnvoll ist eine zugewandte liebevolle Beziehung zu mir, zu meinen Mitmenschen und zu Gott. Diese Dreierbeziehung macht Sinn und gibt mir Sinn. Ich fühle mich berufen, ständig erneut diese Beziehungen zu suchen und aufrecht zu erhalten. Ein Beziehungswesen zu sein, Mensch zu sein.
Ich habe gelernt, Krise, Veränderung, Wandel, Wende ist immer eine Chance zum Neuanfang. Wichtig bleibt dabei meine Lebenseinstellung, meine Erwartungshaltung, ist sie positiv oder negativ. Bin ich mutig und motiviert oder ängstlich, weil isoliert.
Älter werden, bedeutet für mich: Lass immer eine Brücke entstehen = Liebe. Eine Fülle an Beziehungen zu mir, zum Nächsten, zu Gott = Erfülltes Leben. Weniger Selbstsucht und Streben nach Besitz, Macht, Ehre = Loslassen.
In der Seelsorge kann ich diesen meinen Lebenssinn finden und entfalten.

Ein mir wichtiger Mensch ist meine Oma. Heute vor 2 Jahren ist sie im 88. Lebensjahr stehend heimgegangen. Sie hatte ein erfülltes Leben und voll Liebe. Gerade weil sie oft loslassen musste und viele Lebenskrisen meisterte. Ein kinderreiches Elternhaus, Entbehrungen, Krieg, der junge Ehemann gefallen, ein

Kind früh gestorben, zwei Jungs allein in der Nachkriegszeit großgezogen, die Arbeit im Schichtdienst als Krankenschwester in der psychiatrischen Klinik. All das hatte Spuren hinterlassen. Besonders im Alter. Von Rückenbeschwerden, Diabetes, Herzschrittmacher über Herzoperation und leichten Schlaganfall bis hin zum Leben im Rollstuhl schränkte sich ihre körperliche Mobilität mehr und mehr ein. Genug Gründe , um mit dem Leben zu hadern. Sie tat es meist nicht. Ihr Geist war nämlich jung geblieben, flexibel, offen für Neues, am Leben interessiert und motiviert, Liebe zu schenken, Beziehungen zu pflegen, Nächstenliebe zu üben, sich und dem anderen was Gutes zu tun. Sie gab allen in ihrem Umfeld großzügig ab, von ihren gesammelten Lebensschätzen. Auch mir. Sie genoss ihre letzten Jahre in der Seniorenresidenz, mit Gleichaltrigen, aber auch mit ihren Kindern, Enkeln und besonders den Urenkeln. In allen Lebensumständen hatte sie auch Gott erlebt, seine Nähe und Hilfe verspürt. Sie hatte keine Angst, nicht vorm Leben und auch nicht vorm Sterben. Als durch die lange Diabetes bedingt ihre Nieren anfingen zu versagen, war es ihr Wille keine Dialyse mehr durchzuführen. Auch gegen den Wunsch der Familie. Sie starb froh und lebenssatt. Sie ist mir ein Vorbild im Leben. Sie glaubte an das Leben vor dem Tod genauso wie an das Leben nach dem Tod. Sie ist ein Diamant, eine Seele von Mensch. Ich möchte genauso im Einklang mit mir sein. So auch mit ihr. Seelenverwandt. In Liebe. In Gott.

2.9.2. Die Bedeutung des Alters in der heutigen Gesellschaft

Der alternde Mensch rückt in unserer Gesellschaft mehr und mehr in den Blickpunkt, da wir in Deutschland demografisch gesehen überaltern. Wir werden immer älter, leben länger, aber wir bekommen zu wenig Kinder. Seit 30 Jahren und in den nächsten 50 Jahren werden laut statistischer Berechnungen weniger Menschen geboren, als jährlich sterben. D.h. wir werden außerdem zahlenmäßig insgesamt weniger. Wenn es heute etwa 16 % alte Menschen gibt, werden es 2050 ca. 37% sein. Damit wird der soziale Status jedoch wieder steigen, welcher heute geringer als früher ist. Gründe dafür waren/sind die Auflösung der Großfamilie und die rasante Entwicklung des zivilisatorischen Wissens. Dadurch gehen sozialer und emotionaler Zusammenhalt der Generationen verloren, Aufgaben werden entzogen, Erfahrung und Wissen veralten sehr schnell. Das Selbstbewusstsein wird erschüttert mit der Feststellung: Ich werde im Alter weniger gebraucht, geachtet und wertgeschätzt. Dieser Eindruck wird sich so aber nicht halten. Die Wirtschaft hat ihre Chance für diese anwachsende Zielgruppe bereits erkannt und nutzt sie. Denn finanziell leben die Senioren in Deutschland heute überwiegend in guten bis sehr guten Verhältnissen. Sie sind bei weitem nicht alle krank, vergesslich und hilfsbedürftig. Viele sind noch sehr aktiv, engagiert und auf dem aktuellen Stand des Seins. Körperlich sicher mehr und mehr eingeschränkt und trotzdem sehr mobil, reisefreudig, wissensdurstig, gesundheitsbewusst und sozial, sowie zwischenmenschlich gereift und gelassen beweglich aktiv. Körper, Seele und Geist sind sich ihrer Endlichkeit im Menschsein bewusst und damit ihrer Würde, Größe und Einzigartigkeit. Ist das Leben eines Menschen so entwickelt und entfaltet, dann begegnet mir in meinem Gegenüber ein großartiger Schatz.

Andererseits ist das Vorurteil, das Altern in jeder Hinsicht ein Weniger, ein Defizit bedeute, immer noch weit verbreitet, trotz wissenschaftlicher Widerlegung. Was die Stimmung des mitmenschlichen Umfelds heute einem alten Menschen gegenüber drückt. Damit besteht die Gefahr eines höheren „gefühlten" Alters. Ein zuletzt sinnloser Versuch der jüngeren Generationen das Altern zu verdrängen, Jugend, sprich Schönheit und Leistungskraft festzuhalten, obwohl beides nicht allein Merkmale der Jugend sind, wie uns die Realität zeigen kann. Wenn wir bereit sind, nicht zu verdrängen, sondern diesem Lebensabschnitt mit positiver Erwartung entgegen gehen, d. h. die Endlichkeit unseres menschlichen Seins, den Tod akzeptiert haben. Dann freuen wir uns auf und über jeden neuen Tag. Leben ganz bewusst und mit unserer ganzen Wahrnehmung, mit allen Sinnen im Heute. Sind hellwach, sinnlich, voller Ausstrahlung, Charisma, damit voller Schönheit und Leistungskraft. Ohne Angst vorm Leben und vorm Sterben. Damit erstarren wir nicht vor Angst, sondern bleiben beweglich, lebendig, lernfähig, anpassungsfähig, klammern nicht, lassen los, bleiben eigenverantwortlich, unabhängig, mündig, genussfähig, beziehungsfähig, dem Leben zugewandt und damit gesund.

Darum ist es heute wichtig das Vorurteil: Alter gleich Abbau, Krankheit, Tod abzubauen und die positive Erwartung: Alter gleich Reife, Genuss, Leben zu bestärken. Das gelingt durch Aufwertung, Achtung und Wertschätzung, indem ich die Selbstständigkeit und Eigenverantwortung trotz zunehmender physischer, psychischer und sozialer Einschränkungen stets aufrecht erhalte. Dafür gibt es heute eine Vielzahl von Möglichkeiten und Angeboten in unserer Gesellschaft: Ambulante Service-Einrichtungen, Altenclubs, Tageseinrichtungen mit angeschlossenen therapeutischen und medizinischen Zentren, Beratungsstellen, Angebote für Reisen und Erholung, Angebote für körperliche und geistige Fitness und Bildung, Alten- und Pflegeheime unterschiedlicher Standards.

Um der positiven Erwartung des Alters in Reife, Genuss und Leben zum Sieg über die negative Erwartung des Alters in Abbau, Krankheit und Tod zu verhelfen, bedarf es während unseren gesamten Lebens auch des Ausblicks einer hoffnungsvollen Zukunft über den Tod hinaus. Des Lebenssinns: Ich lebe um zu leben und nicht um zu sterben, um ewig zu leben, über den Tod hinaus. Jesus Christus der Herr über Leben und Tod ruft mir zu : „ Denn ich werde leben, und ihr werdet auch leben." Johannes 14,19. Täglich erneute liebevolle Zuwendung zu Gott, zu mir und zu meinen Mitmenschen gibt meinem Leben Sinn heute und in Ewigkeit. Was für eine positive Erwartungshaltung für das gesamte Leben und besonders auch im Alter. Hier bietet unsere leistungsorientierte Gesellschaft noch Zeit zum Nachdenken und zur Orientierung an. Sicher oft unbewusst und auch nicht vordergründig und doch eine gute Gelegenheit, um in der Seelsorge Impulse zu geben. Im Krankenhaus sogar ein Recht auf Seelsorge zu haben, auf hoffnungsvolle Impulse, um auch weiter positiv erwartend zu leben.

2.9.3. Bearbeitung Gesprächsprotokoll

Die Anruferin verschafft sich Luft. Sie fühlt sich seit Jahren von ihrer 85-jährigen Mutter eingeengt, ständig gibt es Streit. Diese lebt mit im Haushalt und sie möchte jetzt die Trennung.
Eine Aussprache mit der Mutter hat es nie gegeben. Sie weicht dieser letztendlich aus. Sie hat klare Vorstellungen von der Trennung, von einer Einweisung in ein Altersheim, aber setzt es nicht um.
Das ganze Gespräch ist vonseiten der Anruferin Angriff und gleich wieder Rückzug. Ein Schritt vor und gleich wieder zurück. Auf der einen Seite platzen ihre Gefühle heraus, explodieren. Auf der anderen Seite weicht sie sofort aus und resigniert. Unentschlossenheit und Resignation machen sich bei ihr breit. Sie macht sich Luft, kommt aber nicht weiter, da sie keine Entscheidung fällt, dieser ausweicht und so steigt die Unzufriedenheit erneut an. Ein Teufelskreis der letztendlich verzehrt.
Wie ein Wassertopf auf dem Herd. Er kocht. Beginnt zu pfeifen. Die Pfeife löst sich. Der Dampf entweicht. Ruhe. Kein Pfeifton mehr. Die Pfeife schließt wieder. Er beginnt wieder zu kochen. Pfeifen...Das Spiel beginnt erneut. Bis der Topf leer und ausgebrannt ist.
Noch scheint bei der Tochter genug Wasser im Topf zu sein. Sie macht das Spiel Täter – Opfer mit. Sucht sogar selbst den Streit.
Mutter und Tochter sind ständig auf der Ebene Kindheits-Ich und Eltern-Ich. Beide nehmen jeweils mal die eine, mal die andere Rolle ein. Verständigung auf der Ebene des Erwachsenen-Ich hat es bisher nicht gegeben.
Auf dieser Ebene beginnt sie auch das Telefongespräch, im Kindheits-Ich. Sie macht sich Luft, heult sich aus, beschwert sich. Der Telefonseelsorger versucht durch sondierende und klärende Fragen auf der Ebene des Erwachsenen-Ich das ihrige zu erreichen, was jedoch nicht gelingt. Als er ihr die Lösung Altersheim suggeriert, springt sie sofort in das bestimmende und verurteilende Eltern-Ich. Um dann aber im Kindheits-Ich noch mal von vorn zu beginnen.
Als der Seelsorger nach Unterstützung von ihrem Mann fragt, begibt sie sich auf die Erwachsenen-Ebene und erkennt auch ihre derzeitige Situation. Der Versuch Abstand von der Mutter zu gewinnen, ihre eigene Resignation, ihr Rückhalt beim Ehemann, ihre Inkonsequenz, ihre fehlende Entscheidungskraft. Der Seelsorger erkennt das dünne Eis ihres Erwachsenen-Ich und begibt sich unterstützend und einfühlend auf die Ebene des unpersönlichen man. Man kann, man platzt, man müsste. Doch als er selbst auf dieser unpersönlichen Ebene animiert konsequenter zu sein, die Auseinandersetzung zu suchen, bricht sie im dünnen Eis ein und ergreift den Rückzug. Bis zurück in ihren kochenden

Wassertopf, in den ihr der Seelsorger den Aufruf zur eigenen Entscheidung mit hineinwirft. Nun liegt es an ihr, sich zu entscheiden. Der Seelsorger kann ihr diese nicht abnehmen und das weiß und das sagt er auch. Er gibt Impulse, Anregungen , zeigt Verständnis und Sensibilität. Mehr nicht. Der Handelnde bleibt sie. Ob sie handelt, wird der Seelsorger vielleicht nie erfahren, aber mit dieser Ungewissheit muss er lernen umzugehen. Muss ich lernen umzugehen. Denn ich fühle, ich wäre unzufrieden mit dem Ausgang des Gesprächs. Mit dem Gefühl, die Anruferin ist mir auf dem Erwachsenen-Ich wieder ins Kindheits-Ich entglitten, im dünnen Eis eingebrochen. Und ich fühle den Ansporn in mir, ihr jetzt helfen zu müssen. Ihr am liebsten die Entscheidung abzunehmen, vielleicht sogar selbst mit der Mutter zu sprechen oder sie dabei zu begleiten. Doch dann würde ich mich ja von ihrem Spiel hinreißen lassen. Selbst in das Eltern-Ich schlüpfen, sie im Kindheits-Ich lassen, an der Hand nehmen, ihr die Entscheidung abnehmen. Und ihr so keine Hilfe sein, um selbstständiger, eigenverantwortlicher, konsequenter, mutiger zu werden und das Gespräch, die Auseinandersetzung, die Klärung mit der Mutter zu suchen. Impulse hat sie im Gespräch erhalten, hat es selbst gesucht, Dampf abgelassen und sich nun Luft für die Bewältigung des erkannten Mangels, für ein klärendes Gespräch mit der Mutter verschafft.

2.9.4. Demenz

Demenz- Eindrücke aus der Sicht des demenzkranken alten Menschen

Wenn ich das Plakat betrachte, habe ich den Eindruck, ich befinde mich auf der Zeitreise meines Lebens. Auf dem Weg nach Hause. Ja ich will nach Hause. Dort kenne ich mich aus, finde ich mich zurecht. Dort bin ich sicher. Hier nicht. Ich bin Gleis 5 Nord. Genau hier bin ich. Das ist ganz klar. Wo wollte ich hin ? Ach ja , nach Hause, Abfahrt 16.51. Unruhe, Unsicherheit, Angst. Sie sticht mir förmlich ins Auge. Die Uhr. Eigenartig. Wie spät ist es ??? Ich weiß es nicht. Hier stimmt was nicht. Irgendwas stimmt nicht. Ich spüre förmlich, wie ich immer unruhiger werde. Das kann doch nicht sein. 16.51 fährt mein Zug. Und ich habe keine Ahnung wie spät es ist. Aber da ist doch die Uhr. Ich glaube, mit mir stimmt was nicht. Aber was ? Einfach weg. Ausgelöscht ?

Diese Gedanken kommen mir, wenn ich dieses Plakat betrachte. Da ich vor kurzem im Fernsehen zu diesem Thema einen Bericht gesehen habe, konnte ich mich sofort ein wenig in den Kranken hineinversetzen. Ihm fehlt ein Stück seiner Wahrnehmung und er spürt das auch. Deshalb ständig diese innere Unruhe, Unsicherheit, Orientierungsschwierigkeit. Besonders an nicht so vertrauten Orten. Wie dieser Bahnsteig. An sich schon vertraut, da im Unterbewusstsein gespeichert. Aber der aktuelle Bezug fehlt, die aktuelle Uhrzeit. Darum auch der Wunsch nach Hause zu kommen, am besten gleich von hier aus, von Gleis 5. Denn dort kehrt Ruhe, Sicherheit und Orientierung zurück. Das Zuhause ist tiefer im Unterbewusstsein gespeichert.

Ansatzpunkte für die Seelsorge

Die Schwierigkeit und Herausforderung in der Betreuung demenzkranker Menschen, besonders auch in der Seelsorge, besteht darin: Wo hole ich den Menschen ab ? Im Hier und Jetzt ? Sicher schwierig, da der Aktualitätsbezug getrübt ist. Tiefer eingeprägte Eindrücke aus der Vergangenheit, besonders der Kindheit sind oft präsenter und darum auch abrufbar. Ich sollte mich darum mit dem Demenzkranken auf eine Zeitreise in die Vergangenheit begeben. Alte Erinnerungen wach rufen, besonders aus der Kindheit.

Im erwähnten Film wurden Möglichkeiten aufgezeigt, wie Geschichten vorlesen, die in der Zeitspanne der Kindheit spielen, Gedichte, Lieder. Oder zusammen kochen, wie in alten Zeiten. Damalige Utensilien benutzen. Alte Küchengeräte, Plattenspieler, Rundfunkempfänger, Geschirr, Möbel....

Dabei sollte auch berücksichtigt werden, das alte Menschen oft schwer hören und vielleicht deshalb nicht reagieren. Hörgeräte und Kopfhörer können hier sehr hilfreich sein. Auch Gestik, Mimik, Körpersprache.

Alte Menschen heute hatten oft ein gläubiges Elternhaus und sind kirchlich erzogen und aufgewachsen. Viele Bibelworte, Psalmen, Lieder sind oft sogar auswendig abrufbar. Diese Schätze aus dem Unterbewusstsein gilt es zu entdecken und auszugraben. Sie können eine wunderbare Atmosphäre der Geborgenheit und Freude schaffen. Ausgraben für das Hier und Jetzt. Eine Bereicherung auch für den Seelsorger und seine Arbeit.

Werden wie die Kinder, echt, einfach da, ungeschminkt, ohne Maske, unvoreingenommen, zugewandt, ohne Ängste, fröhlich, versöhnlich, ungehemmt, offen, unverkrampft.

Aus Jesu Sicht, sehr wertvolle Menschen. Für uns auch ?

2.10. Seelsorge als Sterbe- und Trauerbegleitung

2.10.1. Die biblische Botschaft von Sterben, Tod und Hoffnung auf Vollendung

Die biblische Botschaft von Sterben, Tod und Hoffnung auf Vollendung wird am klarsten von Jesus Christus selbst bezeugt:
Am Vorabend seiner Kreuzigung versammelt er seine Jünger zum Abendmahl um sich. Im Evangelium des Johannes 13. bis einschließlich 17. Kapitel wendet er sich unmissverständlich an sie und betet anschließend für sie.
„Vor dem Passahfest wusste Jesus, dass für ihn die Zeit gekommen war, diese Welt zu verlassen und zu seinem Vater zurückzukehren. Nun bewies er seinen Jüngern das ganze Ausmaß seiner Liebe." Joh.13,1
„Habt keine Angst. Ihr vertraut auf Gott, nun vertraut auch auf mich! Es gibt viele Wohnungen im Haus meines Vaters, und ich gehe voraus, um euch einen Platz vorzubereiten." Joh.14,1-2
„Ich bin der Weg, die Wahrheit und das Leben. Niemand kommt zum Vater außer durch mich." Joh.14,6
„Denn ich werde leben, und ihr werdet auch leben." Joh.14,19
„Denn du hast ihm Macht über alle Menschen auf der ganzen Welt gegeben. Er schenkt allen, die du ihm gegeben hast, das ewige Leben. Und das ist der Weg zum ewigen Leben: Dich zu erkennen, den einzig wahren Gott, und Jesus Christus, den du in die Welt gesandt hast." Joh.17, 2-3
Jesus ist der von Gott bevollmächtigte Herrscher über Leben und Tod. Er ist sündlos gestorben, hat den Tod überwunden und ist auferstanden. Durch ihn ist der Tod besiegt.Joh.20.Kap. Der Tod als die Folge der Sünde, der Abwendung von Gottes Willen, des Verstoßes gegen Gottes Befehl an Adam: „Du darfst jede beliebige Frucht im Garten essen, abgesehen von den Früchten vom Baum der Erkenntnis des Guten und Bösen. Wenn du die Früchte von diesem Baum isst, musst du auf jeden Fall sterben." 1.Mose 2,16-17. Gleichzeitig die Hoffnung: „Er wird dir den Kopf zertreten und du wirst ihn in seine Ferse beißen." 1.Mose 3,15. der erste Hinweis auf den Erlöser von Sünde und Tod, auf Jesus Christus. Im alten Testament wird diese Hoffnung ständig wachgehalten: z.B. Jesaja 7, 14 „Deshalb wird der Herr selbst das Zeichen geben. Seht! Die Jungfrau wird ein Kind erwarten! Sie wird einem Sohn das Leben schenken und er wird Immanuel genannt werden." Oder Jesaja 9,5: „Denn uns wurde ein Kind geboren, uns wurde ein Sohn geschenkt. Auf seinen Schultern ruht die Herrschaft. Er heißt: wunderbarer Ratgeber, starker Gott, ewiger Vater, Friedefürst." Sowie auch immer wieder der Hinweis auf das kommende Friedensreich mit Christus siehe Jesaja 11.und 12.Kapitel. oder z.B. Daniel 7,13-14 „...der kam mit den Wolken des Himmels und sah aus wie eines Menschen Sohn...ihm wurden Herrschermacht, Ehre und das Königreich verliehen...Seine Herrschaft ist eine ewige Herrschaft."

Im Mittelpunkt unserer Hoffnung auf Vollendung über Sterben und Tod hinaus steht also Jesus Christus. Auf seine Auferstehung von den Toten gründet sich auch die unsrige. „Nun ist aber Christus als Erster von den Toten auferstanden. So wie der Tod durch einen Menschen –Adam- in die Welt kam , hat durch einen anderen Menschen –Christus- die Auferstehung von den Toten begonnen." „ Wir danken Gott, der uns durch Jesus Christus, unseren Herrn, den Sieg über die Sünde und den Tod gibt !" aus 1.Kor.15 und die Hoffnung auf Vollendung, auf ewige Gemeinschaft mit Gott; auf ewiges Leben.

„Siehe, die Wohnung Gottes ist nun bei den Menschen! Er wird bei ihnen wohnen und sie werden sein Volk sein und Gott selbst wird bei ihnen sein. Er wird alle ihre Tränen abwischen, und es wird keinen Tod und keine Trauer und kein Weinen und keinen Schmerz mehr geben. Denn die erste Welt mit ihrem ganzen Unheil ist für immer vergangen." Off. 21,3-4

Unser Leben bekommt durch Jesus Christus wieder seine ursprüngliche Dimension. Wir leben über den Tod hinaus, werden auferstehen weil sich Gott uns immer zuwendet, uns liebt, auch wo wir uns abgewendet und gesündigt haben, sein Sohn für uns gestorben und auferstanden ist, alle unsere Sünden beglichen hat. Das wollen wir erkennen und dankbar anerkennen. Denn so kehren wir auch wieder um und wenden uns Gott zu und suchen die Beziehung zu ihm. Eine durch Jesus Christus geheilte und ewige Beziehung in Liebe.

2.10.2. Was haben Sterbende und Trauernde gemeinsam ?

Wir Menschen sind Beziehungswesen. Ohne Beziehung zu unseren Mitmenschen und zu uns selbst sind wir nicht lebensfähig.
Der Sterbende und der Trauernde wissen, dass sie diese Beziehung zum Nächsten, zu sich selbst verlieren werden oder bereits verloren haben.
In diesem Sinne trauert der Sterbende über den drohenden Verlust und der Trauernde droht zu sterben aus dem gleichen Grund.
D.h. beide machen die gleichen Phasen durch , die diesen Beziehungsverlust begleiten. Das gleiche trifft auch für alle anderen Formen von Trennung zu, wie Scheidung, Auszug aus dem Elternhaus, Umzug, Verlust des Arbeitplatzes usw.
Da sind im wesentlichen folgende Phasen, die immer wieder durchlebt werden:
Schock/Verdrängen, Wut/Verhandeln, Regression/Depression und Adaption/Annahme. Diese sind unterschiedlich intensiv und zeitlich fließend.
Beide, der Sterbende und der Trauernde durchleben den Prozess des Loslassens.
Loslassen von der Beziehung zum Nächsten nach außen und auch nach innen zu der eigenen Beziehung zu sich selbst. Ein endgültiger Prozess vom Festklammern am Leben, am Nächsten hin zum Fallenlassen in das Unbekannte, Ungewisse, Neue. Das bedeutet ein Akzeptieren und Annehmen des Todes, der Endlichkeit des irdischen Lebens. Ein Vollenden und Abschließen mit dem Bekannten, Vertrauten, Alten und ein Öffnen für eine neue unbekannte Daseinsform. Über diese Schwelle hilft nur eins. Hoffnung. Hoffnung auf eine

neue Beziehung. Für den Trauernden im Diesseits und für den Sterbenden im Jenseits. Hier trennt sich der Weg, den zuvor beide gemeinsam gegangen sind. Nun geht jeder für sich hoffnungsvoll in eine neue Beziehung.
Und doch bleiben beide verbunden, verbunden durch die Liebe, durch Gott. Gott ist die Liebe. Er lässt immer eine Brücke/ Beziehung/Verbindung entstehen zu uns seinen Geschöpfen, seinen Kindern. Dadurch bleiben wir verbunden, auch wenn wir durch den Tod getrennt werden.
Gott ist der Verbindende im Beziehungsgeflecht zwischen uns Menschen, allumfassend und immerdar, ewig.
Durch Jesus Christus ist der Tod überwunden und unsere Hoffnung auf geheilte ewige Beziehungen zu Gott, zu unseren Mitmenschen und zu uns selbst berechtigt.
Diese positive Erwartungshaltung gilt es täglich zu stärken und zu bewahren von unserer Geburt bis zu unserem Tod und darüber hinaus.

2.10.3. Zweck und Ziel der Begleitung

Sterbe- und Trauerbegleitung ist Lebenshilfe. Hilfe zur Vollendung des Lebens. Diesen Weg ein Stück gemeinsam gehen, mitgehen, nicht vorangehen, sondern immer einen kleinen Schritt hinterher, dabei über die Schulter schauen und mitteilen, was ich sehe, aber immer die Entscheidung dem Betroffenen überlassen. Er fühlt dabei: „Ich kenne deinen Weg. Ich begleite Dich. Ich bleibe bei Dir. Du bist nicht allein."
Es ist eine Beziehung zweier gleichberechtigter Partner im Erwachsenen-Ich. Ein Geben und Nehmen in beide Richtungen. Beide sind bei sich selbst und von dort aus beim anderen. Wenn ich als Begleiter innerlich in mir ruhe, um meine Erfahrungen weiß, kann ich frei zuhören und mich wirklich auf den anderen einlassen. So entsteht Nähe in gegenseitiger Achtung der Autonomie der Person. Zugleich eine gewisse Distanz, denn nicht ich liege im Sterben, nicht ich muss jetzt Abschied nehmen, sondern der andere. So nähere ich mich, ohne den anderen einzuverleiben oder mich von ihm vereinnahmen zu lassen.
So nähere ich mich, lasse mich berühren und treffen, gehe auf seine Situation ein, stoße mit meinen Erfahrungen dazu, gehe mit, bin da, schaue über seine Schultern, stehe tatsächlich zur Seite. Der Betroffene hat mich indirekt betroffen gemacht. Er ist mir wichtig, ich habe für ihn Zeit, bin aufmerksam, höre zu, fühle mit, empfinde nach, halte Angst und Trostlosigkeit mit aus, gebe und empfange. Dieser Prozess von Nähe und Distanz ist dabei ständig in Bewegung. Dabei ist es gut die Übersicht zu bewahren, die Eigenständigkeit stets zu akzeptieren und jederzeit loslassen zu können, gehen zu lassen, sterben zu lassen, sich selbst überflüssig zu machen und das Eigenleben zu bewahren.
In der Begleitung sollte eine Atmosphäre der Ruhe und Offenheit verbreitet werden. Beide lassen sich ein und stellen sich der Situation, sehen gemeinsam der Angst, dem Tod ins Auge. Begeben sich hinein, ohne den Zwang, es in den

Griff kriegen zu wollen. Reden und Zuhören. Sich öffnen, den Gefühlen freien Lauf lassen und dadurch Entspannung und Ruhe schaffen, Platz schaffen für das Neue und Unbekannte. Sich dabei der Einzigartigkeit des anderen ganz bewusst sein, ihm deshalb die ungeteilte Aufmerksamkeit schenken. Zuhören als ein Lernender, der mehr wissen will, von dem, was ihm dieser einzigartige Mensch zu sagen hat. „Du bist es, der mir etwas gibt und dafür bekommst Du meine ganze Aufmerksamkeit." Das ist Wertschätzung, unbedingt, vorrausetzungslos, ein Ja an diesen einzigartigen Menschen, dessen Fehler und Schwächen ich auch wahrnehme, aber die an seinem Wert, seiner Einzigartigkeit nichts ändern. Diese intensive Beziehung des Gebens und Nehmens schafft Bewegung, lockert auf, befreit aus dem vor Angst erstarrt sein, führt aus der Isolation. Über den Tod reden, nimmt die Angst davor. Über die Liebe Gottes reden gibt Frieden, Freude und Gelassenheit. Schafft unsere berechtigte Hoffnung ewig zu leben.

2.10.4. Gibt es Gründe von einer Begleitung Abstand zu nehmen ?

Grundsätzlich ist jeder Mensch in der Lage Sterbe- und Trauerbegleitung durchzuführen. Begleitung in wichtigen Momenten gehört zum ganz normalen Miteinander. Jeder ist in der Lage, dem anderen von Herzen nahe zu sein, zuzuhören und Zeit zu schenken.

Es gibt Situationen in denen von einer Sterbe- und Trauerbegleitung abzusehen ist. Vor allem dann, wenn man selbst in einer vergleichbaren Situation steckt.

Wenn z.B. ein Mensch, den man lieb hatte, gerade erst gestorben ist und man selbst mit dem Verlust innerlich noch längst nicht „klar" ist. Erst wenn man selbst das Gefühl hat, diesen Verlust im eigenen Leben integriert zu haben, ist Begleitung anderer wieder möglich. In der Regel bedarf es 2-4 Jahre einen solchen Verlust zu verarbeiten, vorrausgesetzt, die eigene Trauerarbeit wurde angegangen und nicht verschleppt.

Wenn z.B. die Chemie nicht stimmt, man sich nicht versteht und gerade nicht die richtige Begleitperson ist. Der Betroffene trifft immer die Auswahl. Er hat das Recht dazu, auch jemanden abzulehnen. So öffnet er sich vielleicht lieber einem Fremden, als einem nahestehenden Bekannten. Begleitung ist ein Geschenk, was man nicht einfordern kann. Darum ist es auch Sache des Begleiters mit Abweisung klarzukommen, diese zu akzeptieren und nicht auf sich zu beziehen, sondern mit sich selbst im Reinen zu bleiben.

Auch ohne regelmäßige Supervision ist eine gute Begleitung auf Dauer nicht möglich. Es bedarf einer kritischen Reflexion seiner selbst, des Erfahrungsaustausches und des Redens darüber, um auftretende Fragen/

versteckte Motive zu klären und diese Probleme zu lösen. Es tut gut „Dampf abzulassen", sich anzuvertrauen, sich ebenfalls begleiten zu lassen.

Wichtig ist es Trauer und Sterben im eigenen Leben integriert zu haben, sich intensiv mit dem Sterben, dem eigenen und dem Tod anderer, auseinandergesetzt zu haben, seine eigene Trauergeschichte zu kennen, sie verarbeitet und durchlebt zu haben. So das indirekte Betroffenheit die Begleitung bestimmt und nicht direkte Betroffenheit diese eher behindert. Es bedarf also auch einer gereiften Persönlichkeit mit einer gewissen Lebenserfahrung, die ihre eigene Geschichte im Gepäck hat und sich in der Geschichte dessen bewegt, den sie begleitet. Ansonsten besteht die Gefahr, den Betroffenen zur Überwindung seiner eigenen Angst vor dem Tod oder vor Verlust zu missbrauchen, um sich selbst zu beruhigen, seine eigenen Ängste zu kompensieren. Wenn ich also diese Auseinandersetzung scheue, sollte ich von Sterbe- und Trauerbegleitung Abstand nehmen.

2.10.5. Zusatzfragen

a) Als Jugendlicher mit 17, als junger Mann Mitte 20 , mit 36, mit 42.

b) Mein Vater 57 , meine Omas 92 und 87, G... 47, Urgroßvater 101, Opa S... 79, J... 17, D... 25, Pr. G... 55, E... 85, B... 5, Opa 87, Tante M... 80

c) Trauer, Betroffenheit, Angst, Wut, Unsicherheit, Zweifel, Dankbarkeit, Demut, Stille, Ruhe, Gottvertrauen, Gelassenheit, Hoffnung, Zuversicht

d) Besonnen, überlegt, gefasst, unruhig, unsicher, ängstlich, fragend, schlaflos, sich selbst beobachtend, gesundheitlich angegriffen, Sport treibend, Plasma spendend, Knochenmarkspendedatei eintragend, bewusster lebend, mehr genießend, in Tränen ausbrechend, alle Gefühle rauslassend, befreit, mehr Raum für Gott im Herzen lassend und nach außen ausstrahlend, ich habe Friede mit Gott gefunden, ich bin nun mit mir selbst im Reinen, dankbar, ruhig, freudig, gelassen, zuversichtlich, hoffnungsvoll, angefüllt mit einer freudigen Erwartung, auf meinem Weg durchs Leben, begleitet von Jesus Christus, hin zur ewigen Gemeinschaft mit Gott und meinen Mitmenschen.

e) Traurig, mitfühlend, begleitend, tröstend, helfend, auffangend ; ängstlich, zurückgezogen, ausweichend, verdrängend, hektisch beschäftigt.

f) Das Verhalten des anderen zu akzeptieren, seine Verarbeitung von Trauer auszuhalten, die Situation zu ertragen

g) Ihm dort begegnen, wo er ist, mich versuchen hineinzufühlen, Ruhe ausstrahlen, eine angenehme Atmosphäre schaffen, die Situation aushalten, begleiten

h) Mit der Kenntnis und Erfahrung des selbsterlebten und verarbeiteten Falls von Sterben und Trauer möchte ich meinem Nächsten/Mitmenschen behilflich sein, ihn begleiten.

i) Die Uroma ist jetzt im Himmel, sie begleitet Dich von dort aus und eines Tages wirst Du sie dort wiedersehen.

j) Das Leben und die gesamte Schöpfung ist so wunderbar und voller Geheimnisse. Gott der Schöpfer ist die Liebe und uns immer zugewandt. Heute und über den Tod hinaus. Der Tod ist wie eine Tür, hinter der noch viele göttliche Wunder für uns bereitet sind. Oma darf sie heute schon erleben. Jeder von uns auch, wenn er eines Tages durch diese Tür geht.

2.11. Seelsorge und Sexualität

2.11.1. Mögliche Zusammenhänge zwischen Sexualität und Spiritualität

siehe Wikipedia :

Sexualität [zɛks-] (sinngemäß „**Geschlechtlichkeit**", von spätlat. *sexualis*; aus lat. *sexus* „Geschlecht"; vgl. Sex) bezeichnet im engeren biologischen Sinne die Gegebenheit von (mindestens) zwei verschiedenen Fortpflanzungstypen (Geschlechtern) von Lebewesen der selben Art, die nur jeweils zusammen mit einem Angehörigen des (bzw. eines) anderen Typus (Geschlechts) zu einer zygotischen Fortpflanzung fähig sind. Hier dient die Sexualität einer Neukombination von Erbinformationen, die aber bei manchen Lebensformen auch durch der Sexualität ähnliche, nicht polare, Rekombinationsvorgänge ermöglicht wird.

Im weiteren Sinn bezeichnet Sexualität die Gesamtheit der Lebensäußerungen, Verhaltensweisen, Empfindungen und Interaktionen von Lebewesen in Bezug auf ihr Geschlecht. Zwischenmenschliche Sexualität wird in allen Kulturen auch als ein möglicher Ausdruck der Liebe zwischen zwei Personen verstanden.

Spiritualität (v. lat.: *spiritus* = Geist, Hauch bzw. *spiro* ich atme – wie griech. ψύχω bzw. ψυχή, s. *Psyche*) bedeutet im weitesten Sinne **Geistigkeit** und kann eine auf Geistiges aller Art oder im engeren Sinn auf *Geistliches* in spezifisch religiösem Sinn ausgerichtete Haltung meinen. Spiritualität im spezifisch religiösen Sinn steht dann auch immer für die Vorstellung einer geistigen Verbindung zum Transzendenten, dem Jenseits oder der Unendlichkeit.

Der Mensch (männlichen bzw. weiblichen Geschlechts) ist ein ganzheitliches Geschöpf Gottes ,ist Körper, Geist und Seele. Und so sollte er auch stets betrachtet und wahrgenommen werden. Nicht zerlegt in seine Bestandteile, sondern als Ganzes.
Sexualität (Geschlechtlichkeit) und Spiritualität (Geistigkeit) sind dem Menschen eigen und Ausdrucksform seiner ganzen Geschöpflichkeit und von Gott als Sehr Gut befunden. (1.Mose 1,31)
Ganz konsequent in diesem Sinne betrachtet, gelingt es gar nicht, Sexualität und Spiritualität voneinander zu trennen.
Sexualität als eine Ausdrucksform des Körpers (Erdkloß) ist ganzheitlich betrachtet auch immer spirituell.
Spiritualität als eine Ausdrucksform des Geistes (Odem) ist ganzheitlich betrachtet auch immer sexuell.
Die Seele ist die Mitte, die beides vereint:
„Und Gott der Herr machte den Menschen aus einem Erdkloß, und er blies ihm ein den lebendigen Odem in seine Nase. Und also ward der Mensch eine lebendige(näphäsch) Seele." 1.Mose2,7
näphäsch ist hebräisch und bedeutet übersetzt Leben, Lebewesen. Aber auch: Hauch, Atem, Kehle, Schlund, Verlangen, Wunsch, Begehr, Gier und Begier,

außerdem „ hungrige, hoffende, begehrende, betrübte, freudige, liebende oder hassende Seele.“

Sexualität als menschliche Blickrichtung geht vom Begehren des Menschen aus. Begehren nach Vereinigung mit dem Nächsten, mit sich selbst, mit Gott. Diese Ausdrucksform der Liebe nennt die griechische Philosophie „Eros“.

Spiritualität als göttliche Blickrichtung geht vom Begehren Gottes aus. Gottes Leidenschaft mit uns Menschen, seine Zuwendung, auch trotz unserer Abwendung von ihm. Diese Ausdrucksform der Liebe nennt das griechische Alte und Neue Testament „Agape“.

Eros und Agape beschreiben die Liebe und ihre Wechselseitigkeit , denn Liebe lebt vom lebendigen Hin und Her der Partner. Gott und Mensch sind Beziehungswesen, in Beziehung zueinander und untereinander.

Somit ist auch die umgekehrte Blickrichtung der Liebe, also Spiritualität als menschliche Blickrichtung und Sexualität als göttliche Blickrichtung möglich. Besonders wir Christen tun uns seit langer Zeit damit schwer, die Liebe auch wechselseitig zu betrachten, d.h. Gottes leidenschaftliche Liebe mit Begehren zu erwidern. Auf ewig mit ihm vereint zu sein, Hochzeit zu feiern und deshalb die Wiederkunft Christi herbei zu sehnen („ Und ich sah die heilige Stadt, das neue Jerusalem, von Gott aus dem Himmel herabkommen wie eine schöne Braut, die sich für ihren Bräutigam geschmückt hat.“ Offb.21,2) ist eine Möglichkeit es nicht nur spirituell sondern auch sinnlich/sexuell zu tun.

Für die Juden sind Sonne, Sabbat und Sexualität ein Vorgeschmack der kommenden Welt.

Im muslimischen Himmel erfreut sich der Muslim an der Jungfräulichkeit attraktiver junger Mädchen und Frauen.

Der christliche Himmel ist asexuell und Sexualität wird vielerorts dämonisiert und als vom Teufel stammend bezeichnet. Nur ganz langsam beginnt sich der Sichtwandel zu vollziehen, der Sexualität und christliche Religion, Erotik und Spiritualität nicht mehr als feindliche Geschwister betrachtet, die sich auf dem Weg zu/von Gott entgegenstehen und behindern, sondern ganzheitlich von der Liebe umfangen bereit sind, Hand in Hand zu gehen, im Bewusstsein das dies immer in Wechselseitigkeit von Eros und Agape geschieht, da beide die Liebe auf ihre Art zum Ausdruck bringen.

Aus der Sicht der Liebe (Gott ist die Liebe, welche auch in unsere Herzen ausgegossen ist, Römer 5,5) , unserer ganzheitlichen Geschöpflichkeit und unserer Beziehung zu Gott, zu uns selbst und zu unseren Mitmenschen lassen sich Geschlechtlichkeit und Geistigkeit nicht trennen.

Es gibt also nicht nur mögliche Zusammenhänge zwischen Sexualität und Spiritualität sondern ständig in Wechselseitigkeit bestehende Liebesbeziehungen Liebe Gott über alles und deinen Nächsten wie dich selbst: s. Matth.22,37-39 heißt hier ganz eindeutig und klar „ ...lieben, von ganzem Herzen, mit ganzer Seele und mit all deinen Gedanken...“ also ganzheitlich, geistig und geschlechtlich, mit der ganzen göttlichen Geschöpflichkeit.

Wir Menschen erleben gestörte Beziehungen und doch sind sie durch Jesus Christus bereits geheilt. Wenden wir uns ihm zu, um diese Heilung zu erfahren.

2.11.2. Sexuelle Probleme Jugendlicher

Ich möchte dieses Thema an dem Beispiel meines eigenen Erlebens als Jugendlicher darstellen.

Mein Interesse am weiblichen Geschlecht, an Mädchen entdeckte ich mit 16. Bereits mit 14 wollte mir eine Schulkameradin im Beisein anderer Klassenkameraden den Zungenkuss beibringen, wobei ich das Eindringen ihrer Zunge in meinen Mund als sehr unangenehm empfand und abgeschreckt wurde, es erneut zu versuchen.

Mit 15 hatte ich Kontakt mit zwei Freundinnen aus der Jugendgruppe unserer neuapostolischen Gemeinde. Beide waren gern in meiner Nähe, so dass ich beide gemeinsam zum Eisessen einlud und ihnen mein Zimmer und meine Briefmarkensammlung zeigte.

Mit 16 begann ich für auffallend schöne Mädchen zu schwärmen. Am Gymnasium hatte ich zwei süße Schönheiten im Visier. A... und K... aus meiner Klasse. Ich suchte ihre Blicke, ihre Nähe. Doch beide zeigten wenig Interesse für mich und mir fehlte der Mut sie anzusprechen.

Mit 17 hatte ich es auf S... abgesehen. Die Schönste und von allen Jungs begehrteste 18-jährige junge Frau in der Jugend des Kirchenbezirks Halle. Sie wohnte in L... und 1-2 mal im Monat bekam ich sie bei Jugendtreffen zu sehen. Ich bekam stets eine Erektion und während meiner Selbstbefriedigung zuhause unter meiner Bettdecke, hatte ich dann meistens ihr Bild vor Augen.

Einmal konnte ich sie ein Stück auf dem Weg zur Straßenbahn begleiten. Ich hatte wieder sofort eine Erektion. Sie zeigte Interesse, wir unterhielten uns, sie berührte beim Abschied mit ihren Lippen kurz meine Wange und fort war sie. Ich hatte eine feuchte Hose. Mein erster Orgasmus ohne selbst Hand angelegt zu haben. Ich war glücklich und fühlte mich ganz Mann. Erst zwanzig Jahre später sollte ich ihr wieder so nahe kommen.

Mit 18 lernte ich dann A... kennen. Wir verliebten uns beide sehr schnell ineinander. Es gab nur noch uns. Sie war damals 16. Beide tasteten wir uns langsam Stück für Stück an die sexuelle Vereinigung heran und lernten gemeinsam uns auch körperlich zu lieben. Bis zum „ersten Mal" vergingen noch rund 15 Monate. Da war ich schon bei der Armee und hatte Urlaub. Es war im Freien und es war kalt draußen, aber das störte uns nicht. Geschützt hinter einem Busch, auf dem O....berg mit Blick über das nächtliche Halle liebten wir uns, verschmolzen ineinander, vergaßen schnell ihren anfänglichen Schmerz beim Eindringen und erlebten glücklich vereint unseren Höhepunkt. Ganz angefüllt mit diesen überwältigenden Eindrücken kehrten wir mit wackligen Knien, strahlend vor Glück in ihr Elternhaus zurück. Ihre Eltern müssen uns sofort angesehen haben, was los war. Schließlich mussten wir zukünftig nicht mehr

unbedingt im Freien miteinander schlafen. Nach der Armeezeit haben wir uns gleich verlobt und drei Monate später geheiratet.
Mein Vater, gleichzeitig Priester und Seelsorger in unserer Gemeinde, nahm mich als ich A... kennen gelernt hatte eines Tages zur Seite. Zwei Sätze habe ich bis heute nicht vergessen, welche auch für meine seelsorgliche Praxis relevant geblieben sind:
„Begegne Deiner Partnerin immer mit Deiner ganzen Aufmerksamkeit und Zuwendung. Wenn Du dazu bereit bist, dann heirate sie."
Mehr brauchte er mir gar nicht zu sagen. Heute weiß ich: Darin ist alles enthalten. Zuwendung und Liebe. Das göttliche Geheimnis gelingender Beziehungen.
Was lerne ich für meine seelsorgerische Tätigkeit daraus ?

Verständnis und Wohlwollen zeigen
Auf Augenhöhe begegnen
Weniger ist oft mehr
Lass immer eine Brücke entstehen = Liebe und Zuwendung
Das bewirkt dann auch
Verständigung miteinander = Kommunikation auf nonverbaler und verbaler Ebene
Was wiederum dazu beiträgt Beziehungen gelingen zu lassen.

Oder mit den hier schon oft zitierten Worten aus der Bibel ausgedrückt:

Jesus antwortete: „Du sollst den Herrn, deinen Gott, lieben, von ganzem Herzen, mit ganzer Seele und mit all deinen Gedanken!" Das ist das erste und wichtigste Gebot. Ein weiteres ist genauso wichtig: „Liebe deinen Nächsten wie dich selbst." Matthäus 22, 37-39

Da wir Beziehungswesen sind ,können wir garnicht nicht kommunizieren. Es tut uns also immer gut stets miteinander zu reden und/oder sehr intensiv nonverbal miteinander zu kommunizieren, d.h. in ihrer intensivsten Form sich miteinander körperlich, geistig und seelisch also ganzheitlich zu vereinigen.

Wenn ich meine Entwicklung als Jugendlicher betrachte, war sie in ihrer sexuellen Entwicklung anfangs geprägt von Abscheu und Desinteresse, dann von Neugier, Schwärmerei und sexuellem Verlangen bis hin zum gemeinsamen von Liebe getragenen Erobern dieses Neulandes. Aber auch Überwindung von Ängsten vor Strafe und Auseinandersetzung mit moralischen und kirchlichen Geboten und Vorstellungen gehörten dazu. Hier bin ich besonders von meinen Eltern liebevoll und mit Zurückhaltung begleitet worden. Bei A... Eltern hat besonders der offene Umgang mit diesem Thema gut getan. Im Freundeskreis fühlten wir uns wohl unter all den verliebten Pärchen. Nur in der Gemeinde gab es einige moralisch erhobene Zeigefinger. Alles in allem ein ganz gutes Umfeld für meine sexuelle und spirituelle Entwicklung.

2.11.3. Bearbeitung Gesprächsprotokoll

Der Anrufer hat ein sexuelles Problem. Direkt äußert er es zunächst nicht. Vielmehr erzählt er, dass seine Frau einmalig zum Kündigungstag mit ihrem Chef geschlafen hat, dabei viermal zum Orgasmus kam, sie bei ihm auch jedes Mal zum Orgasmus kommt, der Sex mit seiner Frau jetzt irgendwie intensiver und reizvoller ist, sie auch die Stellungen seiner Frau mit ihrem Chef ausprobiert haben, er aber solch einem Verlangen wie es seine Frau ihrem Chef gegenüber verspürte nicht gleich nachgeben würde. Hier deutet er sein eigentliches Problem an und bringt es auf Nachfrage der Telefonseelsorgerin zum Ausdruck: Er selbst hat bei einer Faschingsfeier mit der Kellnerin bei gegenseitiger Befriedigung mit der Hand so starke sexuelle Lust empfunden, dass er jetzt gern mit dieser Frau schlafen würde.

Diese Frage beschäftigt ihn sehr und deshalb ruft er an. Gleich zweimal fragt er erst sich selbst und dann direkt auch die Seelsorgerin, ob er mit der Kellnerin schlafen soll. Das Einverständnis seiner Frau hat er.

Die Seelsorgerin nimmt ihm die Entscheidung nicht ab. Sie gibt ihm vielmehr den Hinweis abzuwägen, ob sein sexueller Drang dadurch Befreiung erlangt und eine intensivere Zuwendung zu seiner Frau zur Folge hat oder ob es eine mögliche Belastung für seine Ehe bedeutet, die es dann auszuhalten gilt. So gibt sie auch zu bedenken, dass seine Frau in mehr braucht, als die Kellnerin und das eine intensivere Zuwendung/ Bemühung der Bekannten gegenüber ein Grund für dieses starke Erlebnis mit ihr gewesen sein kann.

Im Verlauf des Gesprächs versucht die Seelsorgerin durch Nachfragen das Anliegen des Anrufers herauszufinden. Als er es schließlich äußert, hakt sie nach, was seine Frau und auch seine Bedenken betrifft. Sie lässt sich nicht dazu verleiten, ihm die Entscheidung abzunehmen, sondern stellt die beiden Möglichkeiten gegenüber. Allerdings suggeriert sie ihm, wie sie sich entscheiden würde: „Ihre Frau braucht Sie aber." Was er bestätigt. Auch bei dem Bemühen umeinander hilft sie ihm auf die Sprünge, was er ebenfalls bejaht.

Die Seelsorgerin versucht konsequent auf der Ebene des Erwachsenen-Ich zu bleiben. Der Anrufer will vielmehr auf der Ebene des Kindheits-Ich die Erlaubnis zum Beischlaf abholen und seine Bedenken dadurch auch beruhigen. Zu Beginn sind bei ihm auch Penisneid verbunden mit dem sich beweisen wollen herauszuhören. Also auch ein deutliches Kindheitsverhalten. Dem gegenüber steht sein moralisches Eltern-Ich, was das Nachgeben auf das Verlangen hin unterdrücken will und verurteilt. Er ist in der Klemme zwischen Verlangen und Moral. Zwischen Natürlichkeit und Angepasstheit im Kindheits-Ich sowie auch zwischen kritischen und stützendem Eltern-Ich. Hier ist sein Erwachsenen-Ich gefragt, was die Seelsorgerin durch Fragen zu erreichen sucht.

Obwohl sie sich dabei auch nicht völlig dem Eltern-Ich und Kindheits-Ich entziehen kann (siehe suggerieren der aus ihrer Sicht richtigen Entscheidung). Zum Schluss wird dann ein zweites Gespräch vereinbart.

2.11.4. Zweites Gespräch

Der Anrufer hat inzwischen mit der Kellnerin geschlafen und es war genauso intensiv, wie er es sich erneut vorgestellt hat (so wie beim ersten Mal). Er rechtfertigt auch gleich und ohne Aufforderung sein Verhalten. Die Telefonseelsorgerin erfragt unvermittelt ohne scheinbar erkennbaren Grund seine familiäre Situation (Kinder, sexuelle Zuspitzung) worauf der Anrufer ebenfalls sofort versucht sich zu rechtfertigen. „Wir sind nicht festgefahren." Gleich zweimal rechtfertigt er seine Ehe damit. Dabei hat sich an seinem anfänglichen sexuellen Problem nichts geändert. Er steckt noch immer in der Klemme zwischen sexuellem Verlangen nach der Kellnerin und moralischen Werten für seine Ehe. Er ist festgefahren und ahnt es auch. „ ...Es war ja nur für dieses eine Mal...aber es war ein starker Genuss..." Er liefert auch gleich seine Erkenntnis nach: „Es ist einfach so: Jeder von uns braucht mal einen anderen Partner, rein körperlich."
Mit dieser Aussage hat sich sein Erwachsenen-Ich seinen Weg heraus aus der Klemme von Eltern- und Kindheits-Ich gebahnt.
Mit seiner abschließenden Frage sucht er nach Bestätigung/ Bestärkung in seiner Erkenntnis:
A12:„Und meinen Sie nicht auch, dass es ehrlicher sein kann, man hat den Mut, das Verlangen sich einzugestehen?"
Das Gespräch könnte wie folgt fortgesetzt werden:
TS 12: „Habe ich Sie richtig verstanden, dass Sie auch mal einen anderen Partner, rein körperlich brauchen ?"
A13: „Ja das ist richtig."
TS 13: „Schön, dass Sie so mutig und ehrlich sind, sich Ihre Gefühle einzugestehen."
A14: „Ich glaube ich sollte auch mit meiner Frau darüber sprechen.
TS14: „Ja. Dies ist eine gute und richtige Entscheidung.
A15: „ Vielen Dank."

Durch das Aufgreifen der Erkenntnis des Anrufers durch die Seelsorgerin mit der Fragestellung: „Habe ich Sie richtig verstanden ?" ermutigt und bestärkt sie ihn, sich ehrlich seine Gefühle einzugestehen und diese auch zu äußern, was sie dann auch lobend anerkennt. An dieser Stelle kann aus meiner Sicht ein lobendes Eltern-Ich nicht schaden, weil es dem Anrufer den notwendigen Impuls verleihen kann, auch mit seiner Partnerin über seine Gefühle zu reden.

Ob am Ende des Gesprächs eine Bewertung in Form von gute und richtige Entscheidung hilfreich ist, kann sicher diskutiert werden, dient aus meiner Sicht aber dazu die Erkenntnis des Anrufers, also sein Erwachsenen-Ich zu bestärken.

2.12. Seelsorge bei seelischen Störungen und Erkrankungen

2.12.1. Warum bzw. wann können meditative Übungen und spirituelle Praktiken für psychosekranke Menschen eine Gefährdung bedeuten ?

Bei psychosekranken Menschen spielen auch psychosoziale Faktoren eine wichtige zu beachtende Rolle.

Es kann als gesichert gelten, dass ein Teil der schizophrenen Krankheitsepisoden durch äußere Einflüsse mitverursacht wird. Wichtig ist, dass dabei teilweise andere Faktoren ein Rolle spielen als die, die für den Gesunden eine besondere psychische Belastung darstellen können. Die Überbeanspruchung durch emotionale Nähe birgt für schizophren Erkrankte besondere Gefahren.

„Angst vor der Gefahr, Mitmenschen übermäßig nahe zu kommen bei gleichzeitig starkem Bedürfnis nach mitmenschlicher Nähe und Liebe, ist der charakteristische Ambivalenzkonflikt des Schizophrenen. Eine enge mitmenschliche Beziehung ohne Angst, ohne Gefahr für das eigene Ich erleben zu können, ist für diese Kranken ein kaum lösbares Problem."

Wiedererkrankungen sind bei Patienten häufig, die im familiären Rahmen leben und dort entweder einer gleichgültigen oder aber einer sehr aktiven, überengagierten, besonders gut meinenden Atmosphäre ausgesetzt sind. Wiedererkrankungen treten häufig dann auf, wenn schizophren Erkrankte Übungen, Rollenspiele, Meditationsübungen usw. mitmachen, welche die Ich-Grenzen labilisieren, belasten oder aufzulösen drohen. Dazu können auch spirituelle Praktiken zählen.

Darum ist es hier besonders wichtig auf ein richtiges Verhältnis von Nähe und Distanz zu achten und sich vorher ausdrücklich zu vergewissern, dass solche seelsorglichen Angebote für die Teilnehmenden unbedenklich sind. In dieser hohen Verantwortung stehend, sollte jeder Teilnehmer die Möglichkeit haben, sich zu distanzieren oder das Angebot nicht mitzumachen.

Allgemein gesehen ist die Spiegelmethode gegenüber Psychotikern nicht angebracht, da er ja häufig das Gefühl hat, nicht er selbst bzw. außengesteuert zu sein. Er würde dadurch auf sich selbst zurückgeworfen, ohne das er sich seiner selbst sicher ist. Er hätte also Mühe, seine wirklichen Gefühle zu erkennen und zu äußern. Dies könnte zur Anregung und Verstärkung der Wahngedanken führen.

Daher sollte der Seelsorger eher zudeckend als aufdeckend sein, was die Gespräche und auch die meditativen Übungen und spirituellen Praktiken betrifft.

2.12.2. Grundlagen einer personzentrierten Gesprächsführung

Unter personzentrierter Gesprächsführung versteht man die unbedingte
Ausrichtung von Art und Inhalt eines Beratungsgesprächs an den Auffassungen
und Bedürfnissen der ratsuchenden Person. Somit ist sie ein Instrument zur
Selbstfindung und Selbstverwirklichung dieses Gesprächspartners.
So verstanden bedeutet Personzentrierung, den individuellen Menschen in seiner
Lebens- und Krankheitssituation, aber auch in seinen weltanschaulichen, sowie
moralisch-ethischen Auffassungen und in seiner sozialen Wirklichkeit zu
verstehen und als solchen anzunehmen. Es bedeutet nicht, jeden für den anderen
oder seine Umgebung gefährlichen und belastenden Faktor, jede bedrohliche ,
einschränkende oder störende Verhaltensweise wertneutral gutzuheißen.
Personzentrierung ist die notwendige Grundlage für eine möglichst
individualisierte und bedürfnisgerechte Seelsorge.
Praktisch bedeutet das u.a.
- der Ratsuchende bestimmt das Sprachniveau
- der Ratsuchende bestimmt den Hintergrund gesellschaftlicher u. religiöser
  Normen u. Erwartungen
- der Ratsuchende bestimmt die Bedingungen, wie Ziel und Umstände des
  Seelsorgegesprächs
- die Auffassungen des Ratsuchenden und des Seelsorgers vom
  Wünschenswerten, vom Ziel können weit voneinander abweichen
- der Seelsorger klärt den zeitlichen Rahmen, ist zeitlich begrenzt,
  verlässlich
- der Seelsorger sorgt für eine ungestörte Atmosphäre, angemessene äußere
  Bedingungen
- unbedingte Vertraulichkeit und Schweigepflicht
- Ermunterung , positive Mimik, Gestik, Zugewandtheit
- Stille ertragen
- Offene Fragen vorrangig, aber auch geschlossene Fragen stellen
- Nähe und Distanz ausloten
Ein Teil der seelsorglichen Kunst besteht darin, eine große Offenheit zu
vermitteln, begleitet von der Sicherheit für den Ratsuchenden, in seinem
Anliegen ernst genommen und als Person angenommen zu werden.

2.12.3. Bearbeitung Gesprächsprotokoll

Der Anrufer schildert permanent die Probleme mit seinen Eltern. Er gibt ihnen die Schuld für seine Probleme. Er ist sehr intelligent, erklärt Zusammenhänge und Ursachen. Andererseits ist er sehr impulsiv und unbeherrscht bis aggressiv. Er überträgt sein Verhalten auf seine Eltern, bezeichnet sie als egozentrisch und weltfremd, die nicht auf ihn eingehen und sich immer sperren und spricht dabei unbewusst von sich selbst.

Im Verlauf des Gesprächs deuten sich mehr und mehr Anzeichen von seelischer Erkrankung an. Der Anrufer hat Anzeichen einer Persönlichkeitsstörung. Er ist eine Mischung aus hysterischer, sensitiver, erregbarer, dissozialer Person. Viele dieser seiner Anzeichen finden sich auch in der Borderline-Persönlichkeitsstörung wieder.

Es mangelt ihm an der Fähigkeit seine Eltern realistisch einzuschätzen. Es mangelt ihm an emotionalem Einfühlungsvermögen, andererseits hat er seine Eltern gut beobachtet und kennt ihre Schwächen, um sie für seine Zwecke zu nutzen. Seine Neigung zu heftigen Affektausbrüchen lassen seine Erregbarkeit erkennen, welche sich der Borderline-Persönlichkeit zuordnen lässt und Parallelen zur dissozialen Störung erkennen lässt.

Anderseits ist er empfindsam und leicht zu beeindrucken und hat Angst einfachste Erledigungen und Telefonate selbst durchzuführen, er ist selbstunsicher und innerlich nicht stabil. So neigt er auch zu explosiven Affekthandlungen. Deshalb auch seine geschilderte Aggression und seine Suizidversuche.

Sein ganzes Verhalten ist hysterisch. Er möchte vor sich und anderen mehr scheinen als er ist. Darum leidet er demonstrativ an kleinen Problemen. Sein Wunsch ist Aufmerksamkeit, besonders in Krisen durch psychosomatische Störungen. Darum auch sein Wunsch nach einer Kur. Durch sein belehrendes Auftreten am Ende des Gesprächs, versucht er auch noch die Seelsorgerin zu beeindrucken und seinen Beitrag zur Verbesserung der Menschheit herauszustellen.

Die Seelsorgerin fragt am Anfang nach, um Einzelheiten des geschilderten Problems zu erfahren. Dann sondiert sie, durch direkte Fragen und Feststellungen. „Sie sind doch kein Kind mehr." Erfragt Wohnort, Alter, Beruf, wirtschaftliche Verhältnisse.

Stützend bestärkt sie dann seine Hoffnungen auf Erholung bei der Kur. Sie macht ihn auf seine Haltung aufmerksam, deckt auf. Einseitigkeit, Aggressivität und Unbeherrschtheit. Rät zu einem Gespräch in Ruhe und Sachlichkeit. Ermuntert zu mehr Selbstständigkeit und Selbstvertrauen Dinge selber zu erledigen. Lobt seine Intelligenz und Fähigkeit zur Selbsterkenntnis und Analyse, rät zu einer psychotherapeutischen Behandlung.

Fasst am Ende des Gesprächs noch mal zusammen: Suche nach Entlastung aus der momentanen Krise, durch Übertragung auf die Eltern als den Sündenbock, löst das tieferliegende Problem nicht. Stärkung des Selbstvertrauens und Ermutigung, das Leben selbst ganz in die Hand zu nehmen wäre eine Lösung. Diese Erkenntnis traut sie dem Anrufer zu, auch wenn er sie momentan noch nicht hat und sich dazu erst noch durchringen muss. „Damit habe ich doch ein wenig auch der Menschheit einen Dienst erwiesen." So seine augenblickliche Erkenntnis.

Der Anrufer ist durchweg im Kindheits-Ich und erwartet von der Seelsorgerin einen Rat aus dem Eltern-Ich. Den er aber so von ihr nicht bekommt. Nicht aus dem Eltern-Ich heraus, sondern aus dem Erwachsenen-Ich. Auf diese Ebene möchte ihn die Seelsorgerin gern holen. Er weigert sich wie ein Kind. Schließlich wird sie sogar zum Sündenbock, weil sie aus seiner Sicht zu unerfahren ist , um Ratschläge zu erteilen. So ist er am Ende des Gesprächs doch ganz unbewusst im Erwachsenen-Ich angekommen:

„ Auch wenn sie mir jetzt nicht entscheidend helfen konnten, habe ich Ihnen wenigstens durch dieses Gespräch zu einer neuen Einsicht ..verholfen."

Gerade in solchen nicht einfachen Seelsorgegesprächen erscheint es mir besonders wichtig, sich nicht auf ein Spiel zwischen Kindheits-Ich und Eltern-Ich einzulassen, sondern ganz verlässlich im Erwachsenen-Ich zu bleiben, was der Seelsorgerin auch gut gelungen ist, auch wenn der Erfolg beim Anrufer nicht gleich sofort zu sehen ist.

2.13. Seelsorge bei besonderen Zielgruppen

2.13.1. Sinnenfreude und Abstinenz

Mit allen Sinnen wahrnehmen, genießen und sich daran erfreuen. Um diese Glücksgefühle zu erleben, bedarf es zuvor auch einer gewissen Abstinenz. Ich möchte immer das erleben, wahrnehmen, genießen, was ich gerade nicht habe. Das schafft in mir ein Verlangen, eine Vorfreude, eine Begierde darauf. Schon einen gewissen Grad an Sinnenfreude, welche ich dann beim Erleben mit allen Sinnen in erregter Aufmerksamkeit wie ein Schwamm in mich aufsauge. Das ist ein Genuss verbunden mit dem dann einziehenden Gefühl ganz angefüllt, erfüllt und befriedigt, satt und geborgen zu sein. Dann ist es auch genug. Nach dem Erleben von Spannung und Erregung, genieße ich nun Entspannung und Ruhe. Meine Sinne kommen zur Ruhe, suchen Abstand, wollen verdauen und verarbeiten, verinnerlichen, einordnen, nachklingen lassen. So folgt nach erlebter Sinnenfreude das Verlangen und der Wunsch nach Abstinenz. Ich entziehe mich, um Raum zur Verarbeitung, zum Nachklang zu haben. Dieser Nachklang wird dann wieder zur Vorfreude, zum Verlangen. Der Appetit kehrt zurück und das Wechselspiel beginnt von vorn. Ein ganz gesunder Kreislauf, den wir immer wieder erleben, ja leben. Die tägliche Befriedigung aller unserer Bedürfnisse.

Ungesund ist es, wenn ich zuviel oder zuwenig bekomme, mein Maß zur Befriedigung von mir oder von anderen missachtet wird. Dazu muss ich mein Maß kennen, kennen gelernt und ausgelotet haben. Es bedarf also meiner Selbstkontrolle. Wo sind meine ganz persönlichen Grenzen ? Was tut mir gut, was nicht ? Gepaart mit meiner Eigenverantwortung werde ich dann wissen, was für mich gut ist, was nicht. Ob ich es dann auch umsetzte, hängt ganz von mir ab. Wie stark oder schwach, wie sicher oder unsicher, wie standhaft oder schwankend, wie verwurzelt oder lose bin ich ?

Da ich ein Beziehungswesen bin, ständig in Beziehung zu meiner Umwelt stehe, muss und kann ich diese Fragen nicht allein beantworten. Nur in Beziehung zum Nächsten erkenne ich meine Stärken und Schwächen, meine Sicherheit und Unsicherheit, meinen Standpunkt, mein inneres Gleichgewicht/ Ungleichgewicht.

Ich habe einen Vergleich. Kann mein Befriedigungsmaß mit dem des anderen vergleichen. Kann mich anpassen, verändern, beeinflussen lassen oder auch nicht. Ich kann mich orientieren, ausrichten, erden, einnorden. Meinen Platz finden und einnehmen.

Hier kann mir Jesus behilflich sein. Er ist mir Orientierung und Maßstab. Mein Urmaß. Er schafft ständig neu geheilte Beziehungen. Er verkörpert die Liebe/Gott. „So hat uns Christus also wirklich befreit" Galater 5,1 „ Ihr seid berufen, liebe Freunde, in Freiheit zu leben- nicht in der Freiheit, euren sündigen Neigungen nachzugeben, sondern in der Freiheit, einander in Liebe zu dienen.

Denn das ganze Gesetz lässt sich in dem einen Wort zusammenfassen: Liebe deinen Nächsten wie dich selbst." Galater 5,13-14.

Diese Liebe äußert sich in „Freude, Frieden, Geduld, Freundlichkeit, Güte, Treue, Sanftmut und Selbstbeherrschung." Galater 5,22-23.

Zum Gesamtbild unserer Neigungen gehören aber auch „ Unzucht, unreine Gedanken, Vergnügungssucht, Götzendienst, Zauberei, Feindschaften, Streit, Eifersucht, Zorn, selbstsüchtiger Ehrgeiz, Spaltungen, selbstgerechte Abgrenzung gegen andere Gruppen, Neid, Trunkenheit, ausschweifender Lebenswandel und dergleichen mehr." Galater 5,19-21

Hier kann ich meine Selbstkontrolle täglich neu ansetzen: Liebe ich Gott über alles und meinen Nächsten wie mich selbst ? Habe ich heile Beziehungen zu mir selbst , zu meinen Mitmenschen, zu Gott ?

Mit diesem Blick auf mich selbst kann ich dann auch eigenverantwortlich handeln und mich wieder neu ausrichten und einnorden am Urmaß Jesu. Und das voller Freude, denn er hat unsere Beziehung schon längst geheilt.

Paulus spricht hier von Selbstbeherrschung. Mit meinen Worten: Ich weiß um mein Maß, was mir Befriedigung verschafft und bemühe mich darum ganz im Selbst darüber zu herrschen, ausgerichtet am Vorbild Jesu.

Jesus kannte für sich das richtige Maß/ Verhältnis von Sinnesfreude und Abstinenz. Er wusste wann der richtige Zeitpunkt war zu feiern (Hochzeit zu Kana , Joh.2) oder zu fasten (40 Tage in der Wüste, Matth.4).

Genuss schafft mir Freude und Befriedigung. Abstinenz schärft mir meine Sinne und schafft mir die Grundlage dafür, erneut genießen zu können.

Unbefriedigte Bedürfnisse lassen mich verkümmern und sterben. Nur in geheilten Beziehungen finde ich volle Befriedigung. Jesus heilt mich.

Die Übersättigung (aufgrund des vorherrschenden Überangebots an Genussmitteln aller Art) unserer Sinne und unsere mangelnde Selbstkontrolle kann zur Abstumpfung unserer Gefühlsfähigkeit bis hin zur Gefühlslosigkeit führen.

Zwischen Verkümmern auf der einen Seite und Abstumpfen auf der anderen, gilt es die Balance zu finden und täglich neu zu halten , auszuloten, zu leben.

Als Christ kann ich mich dabei immer an Jesus orientieren.

Genuss gegen Abstinenz auszuspielen ist nicht Jesu Wesen.

Beides gehört zur sehr guten Geschöpflichkeit des Menschen.

So wie auch unsere Fähigkeit zur Selbstkontrolle und zu eigenverantwortlichem Handeln. Genuss und Abstinenz bedingen einander. Selbstkontrolle und Eigenverantwortung schaffen die Balance auf unserem Weg durchs Leben.

Da Jesus für mich dieser Weg ist, führt er mich zur Liebe, zu Gott. Er sagt: „Johannes der Täufer trank keinen Wein und fastete oft, und nun sagt ihr von ihm, er sei von einem Dämon besessen. Der Menschensohn trinkt und feiert, und von ihm sagt ihr: Er ist ein Schlemmer und Säufer, und die schlimmsten Leute sind seine Freunde! Doch die Weisheit erweist sich als richtig, und zwar durch das, was sie bewirkt." Matth.11,18-19

In diesem Sinne bin ich gern ein Besessener oder ein Schlemmer und Säufer.

2.13.2. Vier Phasen der Therapie bei Alkoholabhängigkeit

Entgiftung, Motivation, Entwöhnung, Rehabilitation
Entgiftung, Entscheidung, Entwöhnung, Entwicklung

Ja ich kann dem zweiten Ansatz zustimmen.
Wenn ich den traditionellen klassischen Ansatz hier als erstes in seinen Phasen genannt, mit den Phasen dieses zweiten Ansatzes vergleiche, stelle ich folgendes fest:
Der erste Ansatz erfolgt von außen: Ich werde entgiftet, motiviert, entwöhnt, rehabilitiert.
Der zweite Ansatz erfolgt von innen: Ich entgifte mich, ich entscheide mich, ich entwöhne mich, ich entwickle mich.
Der klassische Ansatz verfolgt das Ziel durch Hilfestellung von außen, die völlige Abstinenz des Süchtigen vom Alkohol zu erreichen. Dieser Weg ist schwierig und oft erfolglos, die Rückfallquote sehr hoch.
Der zweite Ansatz geht vom Patienten aus, seine Unabhängigkeit und Selbstverantwortung, seine Autonomie ist von Anfang an gefragt und gefordert. Ich entscheide über meine Entwicklung, meinen Weg. Mein Ich steht hier deutlicher im Mittelpunkt. Ich entscheide auch, ob völlige Abstinenz hilfreich für mich ist. Ich entscheide auch, ob zum Beispiel Medikamente mein Verlangen nach Alkohol reduzieren können. Ob ich also alle therapeutischen Möglichkeiten nutze.
Um die Autonomie des Patienten wiederzuerlangen ist die Intervention von außen unverzichtbar. Es bedarf also unbedingt des Entzugs (der Entgiftung) und der Entwöhnung (der Unterbrechung süchtigen Verhaltens) und auch Motivation (Ermutigung) und Rehabilitation (Beratung/ Betreuung/ Begleitung) sind zweifellos hilfreich.
Diese Begleitung sollte aber immer im Sinne von Beistand auf dem Weg des Patienten an seiner Seite, ein Stück hinter ihm, das Gefühl verleihen: Ich bin nicht allein auf meinem Weg, ich fühle mich begleitet.
Aus meiner Sicht wird diese Art von Therapie, das notwendige Wechselspiel von innen und außen im zweiten Ansatz besser zum Ausdruck gebracht, indem es gerade die Autonomie des Patienten betont.
Ein Patient der in sich selbst das Verlangen entwickelt von seiner Sucht loszukommen und in sich selbst den Willen dazu entwickelt und immer wieder neu eine Richtungsentscheidung für diesen seinen Weg fällt, hat gute Chancen diesen ganz sicher schwierigen Weg zu meistern und sein ganz persönliches Gleichgewicht von Sinnenfreude und Abstinenz wiederherzustellen. Und ihm fällt es leichter, wenn er sich dabei begleitet weiß.
Dieser Ansatz geht über den klassischen hinaus und verspricht aus meiner Sicht mehr Erfolg.

2.13.3. Bearbeitung Gesprächsprotokolle

Beispiel 1 – Drogenabhängigkeit

Der Anrufer ist alkoholabhängig. Symptome von Bewusstseins- und
Gedächtnisstörung sind bei ihm erkennbar. Er möchte gern davon loskommen,
fühlt sich aber zu willensschwach.
Anzeichen von Gedächtnislosigkeit zeigen sich darin, das er sich zwar
grammatisch korrekt, aber inhaltlich oft völlig verfehlt äußert.
So will er gleich zu Beginn (A1) eine Frage stellen, gibt aber eine Antwort. Am
deutlichsten wird es aus meiner Sicht, als er auf die Frage, ob er verheiratet ist
(T5) von seinem Wunsch, seine Frau zu betrügen spricht (A5). Dies ist ihm
jedoch nun nicht mehr möglich: Ihre traurigen Augen sind schuld. Genauso
wenn er vom Trinken mit seinen Freunden heim kommt. Hier projiziert er sein
Fehlverhalten auf seine Frau, was sich in ihren traurigen Augen spiegelt. So
verdrängt er, wehrt ab, um dann wieder trinken zu gehen. So bedient er sich
auch der Lüge, um am Wochenende, nicht daheim bleiben zu müssen.
Er sucht die Ursache seines Verhaltens nicht bei sich selbst, sondern bei den
anderen und den äußeren Gegebenheiten. Letztendlich ist er es nicht, sondern
sein schwacher Wille, welcher ihn hindert, sich das Trinken abzugewöhnen.
Zum Zeitpunkt des Anrufes ist er nüchtern. Er ruft gleich nach der Rückkehr aus
der Uni an und vereinbart einen Termin für den nächsten Nachmittag. Er sieht
sein Problem eher in seiner Willensschwäche, als in seiner Alkoholsucht. Was
aus meiner Sicht auch der richtige Ansatz zur Lösung seines Problems sein
kann.
Der Seelsorger begleitet ihn mit stützenden und klärenden Fragen durchs
Gespräch, um ihm dann einen Termin mit geschulten Fachleuten
vorzuschlagen. Wichtig, er will nicht unbedingt selbst weiterhelfen, sondern
verweist auf Fachleute im Hause. „ Es gibt hier Fachleute, die Ihnen viel besser
helfen könnten als ich."

Beispiel 2- Suizid

Der 19-jährige Anrufer fühlt sich von außen her zunehmend eingeengt, keine
Arbeit, kein Geld mehr, kaum Freunde, keine Bindung mehr an Elternhaus und
Freundin, kein Spaß mehr, Ärger und Gefängnis wegen Rauschgift, kein
Ausweis, nicht mal Zigaretten.
Alle Symptome des präsuizidalen Syndroms sind beim Anrufer mehr oder
weniger stark zu finden.
Dem Seelsorger gelingt es, diese geschickt zu erfragen (seine objektive,
subjektive, dynamische, zwischenmenschliche und wertemäßige Einengung).
Er fragt ganz banal scheinende objektive Gegebenheiten ab: Wo sind Sie, haben
Sie es warm, sind sie erkältet, haben Sie heute was gegessen ?

Er fragt nach seinen subjektiven Eindrücken/Gefühlen: Sie fühlen sich unter Druck, kennt Ihr Freund Ihre Gefühle, sie fühlen sich schlecht und sähen nicht mehr durch ?
Er erforscht die Dynamik seiner Gefühlwelt: Welche sind da, welche verschüttet Gibt es noch einen Funken Glücksgefühl ? Was sagt seine Wahrnehmung, sein Verhalten dazu aus : So reagiert er auf die Frage ob es warm ist. Er hustet bei der Bejahung der Frage. Er zeigt Gefühl.
Auch zwischenmenschlich erkennt er seine Einengung auf einen Freund, der gerade nicht zur Verfügung steht, sich nicht um seine Gefühle kümmert.
Seine Wertewelt ist eingeengt, nichts Schönes mehr, keine sinnvolle Aufgabe.
Alles gipfelt in der Erkenntnis: Keiner will mich mehr.
Wichtig: Der Seelsorger nimmt ihn ernst und er nimmt das auch sehr genau wahr: Dann wäre ja noch viel vor Ihnen (T 17) Ja -wäre ! (A 17)
Dadurch weckt er Interesse: Ja was meinen Sie denn , was noch ginge ? (A18) Jetzt mach ich's lieber mit Tabletten. (A20) Hier ganz direkt: Andere haben's auch bleiben lassen (T 21) Ist das wahr ? Wie haben Sie denen geholfen ? (A21) Am liebsten würde ich mich jetzt umbringen mit Schlaftabletten. Das wäre ein schöner Tod. (A28) Auch hier ganz klar: Ich weiß nicht, ob's einen schönen Tod gibt. Ein kleines Stück Durchbeißen zum Leben wäre lohnender. (T 29) Sie müssen mir ein lustiger Pater sein. (A29) Eine Reaktion, die Vertrauen zeigt. Entspannt. A31: Da sehe ich noch ,ne Zigarette...Können Sie mir noch was raten? Jetzt wo der Anrufer Vertrauen fasst, lässt der Seelsorger nicht ebenfalls entspannt locker, sondern erfragt noch ganz konsequent Adresse und Telefonnummer und macht ein ganz konkretes Hilfsangebot. Wichtig: Er untermauert das wachsende Vertrauen und fordert es auch vom Anrufer. Gleichzeitig schafft er damit auch gesicherte Hilfe und eine Verbindung über das Telefonat hinaus.
Von meinem Gefühl her ist die akute Selbsttötungsgefahr gebannt, da ich ein aufkeimendes Vertrauen des Anrufers zum Seelsorger verspürt habe: Es gibt da einen Menschen, der mich ernst nimmt, mir aus meiner ausweglosen Lage heraushelfen kann. Ich bin nicht allein. Wenn ich will, kann ich auch gleich wieder anrufen.

2.13.4. Seelsorge bei Gewalt

Hier nehme ich wahr, das Gewalt jeden Tag ein Thema ist, im Großen, wovon die Nachrichten voll sind und im Kleinen oft ein Tabu und unausgesprochen. Ob Kriege und Straftaten auf der sichtbaren Seite oder beispielsweise sexueller Missbrauch und Mobbing in der Familie, in der Schule, am Arbeitsplatz auf der unsichtbaren Seite; oft wird Hilflosigkeit, Überforderung, Abwehr, Verdrängung sichtbar. Sich abwenden, nicht wahr haben wollen, tatenlos zusehen, da wo Handeln möglich wäre, auch darin kann ein erneuter gewaltsamer Akt gesehen werden.

Außerdem nehme ich wahr, dass den Tätern oft mehr Aufmerksamkeit geschenkt wird als Mitgefühl den Opfern.

Mein Mitgefühl gilt den Opfern. Hier erkenne ich auch die Notwendigkeit seelsorglicher Begleitung. Problematisch erscheint mir die seelsorgliche Begleitung der Täter.
Unverständnis empfinde ich für Tatenlosigkeit, da wo Hilfe möglich wäre.

Doch was nehme ich noch an mir selbst wahr, wenn ich ehrlich zu mir bin ? Welcher Widerspruch zwischen guten Vorsätzen und Gedanken und tatsächlichem Handeln wird hier sichtbar?
Bin ich nicht auch oft selbst ein neugieriger Gaffer , als ein mitfühlender Begleiter ? Hat mich die tägliche Flut grausamer Nachrichten nicht auch abstumpfen lassen ? Interessiere ich mich nicht auch dafür, was mit den Tätern passiert und vergesse darüber das Leid der Opfer ?

Hier gilt es für mich eigene Hilflosigkeit zu erkennen und Verdrängungspraktiken abzulegen, Neugier abzulegen, Mitgefühl anzulegen. In der ersten Stufe für die seelsorgliche Begleitung der Opfer und in der nächsten in der seelsorglichen Begleitung der bekennenden Täter.

Begleitung ist in beiden Fällen zu erlernen und zu begreifen.
Begleitung ist auch in beiden Fällen möglich.
Bin ich selbst doch heute Täter, morgen Opfer.

Jesus praktizierte und benannte beides:
Siehe sein Gleichnis vom barmherzigen Samariter (Lukas 10, 30-37)
Siehe sein Handeln gegenüber dem Verbrecher am Kreuz (Lukas 23, 39-43).

Sein Vorbild hilft mir Zurechtzukommen.

2.14. Spiritualität und Leben aus dem Glauben

2.14.1. Glaube

Glaube als Fürwahrhalten

Hier geht die Aktivität von mir aus. Ich habe die Möglichkeit, aufgrund meines Wissens und meiner Erkenntnis und mithilfe meines Willens die Existenz Gottes anzuerkennen oder auch nicht. Ich kann an ihn glauben oder auch nicht. Meine Entscheidung. Diese Form zu glauben, spielt sich auf der sichtbaren, messbaren, rationalen Ebene ab. Je mehr ich mir an Wissen aneigne und je höher mein Erkenntnisgrad wird, je besser und umfassender ich versuche, die Geheimnisse des Universums zu lüften und zu verstehen, umso größer kann mir die Existenz Gottes, des Schöpfers unserer einzigartigen Welt werden. Genauso, wenn ich die Geschichte Gottes mit uns Menschen betrachte. Ebenso kann ich aber auch immer unsicherer werden und voller Zweifel sein, wenn ich beim Durchdringen bemerke, dass je mehr ich weiß, ich wiederum nichts weiß.

Auch auf dieser eher nach oben gerichteten Ebene, ist es mir möglich mit Gott im Gespräch zu sein, mit ihm zu diskutieren, zu debattieren, zu reden, ihn um Erkenntnis und Klarheit zu bitten. Zu beten.

Glaube als Vertrauen

Hier geht die Aktivität von Gott aus. Seine liebvolle und gnädige Zuwendung schafft in mir ein Gefühl tiefer Geborgenheit und letzter Zuflucht. Es gibt jemanden, dem ich trauen, auf den ich mich verlassen kann. In diesem Sinne glaubt jeder Mensch, denn jeder Mensch hat etwas, woran er sein Herz hängt, worauf er vertraut, worauf er sich verlässt, Erwartungen und Hoffnungen richtet. Diese Form ihm zu glauben, zu vertrauen, spielt sich auf der unsichtbaren, ungreifbaren, gefühlsmäßigen Ebene ab. Geht in die Tiefe, auf den Grund des Herzens und schafft Sicherheit, schenkt innere Stärke, Gelassenheit, Frieden, Ruhe. Schafft eine neue Dimension in Herz und Bewusstsein und erweitert den Horizont über das Sichtbare und Greifbare hinaus. Ich muss gar nichts tun, um zu glauben. Gott schenkt mir die Möglichkeit dazu. Aktiviert diese Gabe, glauben zu können, durch das Erleben im Gegenüber Gottes, in seiner lebensspendenden vertrauensvollen und gnädigen Zuwendung durch das Wirken des Heiligen Geistes. Hier ist das Gebet Zwiegespräch, Vertrauenssache, innig aus dem Herzen kommend, alle Gefühle zum Ausdruck bringend: lobend, klagend, lachend, weinend, schweigend, schreiend, kniend, tanzend, ruhig, in Extase. Ungeschminkt, echt, fröhlich, gelassen, still und ohne Worte in Gottes Hand, von ihm getragen und angenommen, ganz ich selbst in geheilter Verbindung/ Beziehung mit ihm, in ihm, in mir.

Glaube als Fürwahrhalten ist ein Anfang. Glaube als Vertrauen Alles.

2.14.2 Glaube / Aberglaube

Glaube im biblischen Sinne bringt das Vertrauen zu Gott zum Ausdruck, die
Beziehung zwischen Gott und Mensch und ist eine beiderseitige
Liebeserklärung. Das christliche Gottes- und Menschenbild ist das einer
personalen Beziehung getragen von Liebe und Zuwendung zueinander.
Aberglaube bedeutet ein Zurückfallen in Praktiken, mit denen über Gottes
Freiheit und seine befreiende Zuwendung zu den Menschen verfügt werden soll.
Ein dienstbar machen Wollen der Kraft Gottes zum Götzendienst. Aberglaube
setzt ein magisches Weltbild und die Annahme unerklärbarer Mächte und Kräfte
voraus, denen sich der Mensch ausgesetzt weiß und die er durch magisches Tun
zu beeinflussen und günstig zu stimmen versucht. Hier fehlt jegliches Vertrauen
auf Liebe, Güte und Heil allein durch Gott. Hier will der Mensch über Gott
verfügen.
Die Umwelt Israels war geradezu eine Welt voller Aberglaube und Magie
(Siehe Jeremia 27,9; Micha 5,11 oder Mal 3,5) Aberglaube wird als Zeichen für
mangelndes Vertrauen auf Gott abgelehnt und als Beleidigung Gottes
verstanden. Zauberei und Magie sind streng verboten (Lev 20,6 oder Ex 22,18)
Das Neue Testament spricht eindeutig ein Urteil über das Festhalten an
dämonischen Mächten (Apg 13,10ff; 19, 13-19). Aberglaube verfälscht das
Gottesverhältnis. Die Bindung an Gott durch Jesus Christus im Heiligen Geist
steht der Versuchung des Menschen entgegen, überall greifbare Sicherheiten
haben zu wollen.
Glaube bedeutet bedingungsloses Vertrauen, ein sich Fallen lassen in die Hand
Gottes, ein „übers Wasser gehen" ohne greifbare ersichtliche Sicherheit.
Aberglaube versucht Gott zu einem dem Menschen gefälligen Handeln zu
verführen und zu bewegen.
z.B. auch durch Bitten im Gebet wie: Ich will alles für Dich tun, wenn Du...
Wenn ich wieder gesund werde, dann werde ich für Dich....
Mit einem Sechser im Lotto würde ich nur Gutes tun an....
In Verbindung mit Bedingungen ist dieser Glaube ein verkehrter, falscher
Glaube, ein „Aberglaube" und somit auch eine Glaubenshaltung die unecht und
nicht tragfähig und belastbar ist.
Eine Liebesbeziehung hingegen „erträgt alles, verliert nie den Glauben, bewahrt
stets die Hoffnung und bleibt bestehen, was auch geschieht." 1. Kor.13, 7

2.14.3. Spiritualität

Spiritualität ist nicht das „fromme Gefühl" oder frömmelndes Gehabe. Hat aber durchaus mit Frömmigkeit zu tun, mit „Geistigkeit". Es bezeichnet eine Geisteshaltung, die auch im Alltag von Bedeutung sein kann, als Gegengewicht zu Hektik, Betriebsamkeit und Oberflächlichkeit.

So unmittelbar und natürlich das Atemholen(Spiritus-Geist-Atem) für unser Leben ist, so unmittelbar und natürlich kann auch unser „seelisches Atemholen" sein. Beten ist das Atmen der Seele, die geläufigste Form angewandter Spiritualität. Ein konkretes Handeln des Menschen in seinem Lebensvollzug, im Alltag: Ruhe, Stillstand, tiefe Einkehr/Besinnung leben/erleben/schaffen.

Gott erleben und lieben lernen, praktisch mit jedem Atemzug, ist möglich. Alle Menschen beten, weil alle Menschen atmen. Die Atmung des Körpers ist ein leibhaftes Gebet. Der körperliche Mensch erbittet und nimmt mit dem Einatmen die göttliche Gabe des Lebens. Mit dem Ausatmen gibt er zurück und dankt. Wenn sich der Geist mittels der Körperwahrnehmung anschließt, betet auch die Seele in ihrem Bewusstsein, ja schließlich in ihrem Unterbewusstsein.

So bin ich jeden Augenblick mit Gott in Kontakt, atme seine Liebe ein, verinnerliche Jesu Botschaft von der Erlösung und dem Heil, gebe seinem Geist/Atem/Spiritus Raum in mir.

So praktiziere ich mein Leben aus dem Glauben/ Vertrauen auf Gottes Odem und lebe so angefüllt den Glauben stimmig auf der Grundlage angenommen und heil zu sein, so wie ich bin.

Dieses Handeln, diese Geisteshaltung, diese Spiritualität zeigt sich in vielen Facetten und gibt Zeugnis über meine Liebe zu Gott, zu mir selbst und zu meinen Mitmenschen, ob im persönlichen Umfeld, im Beruf, in der Gesellschaft, in den so vielfältigen Bereichen menschlichen Lebens, überall dort, wo sich mein Glauben bewähren darf/muss/soll.

Wie schneiden Liebe, Treue, Vertrauen, Hoffnung oder Angst ab ? Bin ich ruhig, gelassen, fest gegründet ?

Wenn Friede mit Gott meine Seele durchdringt, ist mir wohl in dem Herrn. Denn zuvor kann ich in meiner Not zu Gott schreien/beten, seine liebevolle und gnädige Zuwendung erbitten und ihrer gewiss sein. Auf Gott ist Verlass.

2.14.4. Gebet

Erleichterung verschafft mir, das jede Gefühlsregung meiner Seele ein Gebet ist. Jedes hilflose Wortgestammel, ja Wortlosigkeit, Schweigen. Jede Art der Hinwendung zu Gott ist ein Gebet/ mein Gebet.

Bewusstes Beten in Worten ist schwer, weil es gleichzeitig von mir reflektiert wird. Ein öffentlich hörbares Wortgebet vor/ mit / für die versammelte Betgemeinde ist schwer und macht das Beten schwer, besonders wenn es auf Wohlklang und Vollständigkeit bedacht ist. Übrigens auch für den aufmerksamen in Gedanken mitbetenden Zuhörer, weil es dann oft auch zu lang für ihn wird.

Vertraut sind mir Wortgebete im Gottesdienst, Tischgebete, Gebete am Morgen und am Abend im Familienkreis, mit dem Partner. Gebete im „stillen Kämmerlein" ganz allein mit Gott laut in Worten oder wortlos in Gedanken. Schreiend, weinend, schweigend, still. Sowie das ständige Zwiegespräch mit Gott. Gesang im Chor und in der Gemeinde, Instrumentalmusik als Solist in der Gruppe oder im Orchester.

Fremd sind mir Klagegesänge und Geschrei, Extase, Geiselung, Schmerzen

Interessant und praktizierenswert finde ich Tänze, Gospels, Lobgesänge, Hüpfen, Springen, Bands aber auch Gebetskreise, Bibel-Teilen, Gebetswände, Friedensgebete, Kerzen, Kunst

Gebete

Das Vaterunser, das Hohepriesterliche Gebet Jesu, sein Ringen in Gethsemane .
Die Psalmen, das Hohelied Salomos
Zahlreiche in Gedichtform gefasste Gebete
In Schriftform gefasste Gedanken zum Nachdenken
Eigene gereifte und dann zu Papier gebrachte Gedanken
Das Gemälde „Der Schrei"
Schweigend zu beten bis ich Gottes Gegenwart spüre
Meine Atmung als mein ständiges leibhaftes Gebet bewusst zu erleben

2.14.5. Bearbeitung Gesprächsprotokoll

Unter dem Schwerpunkt Leben aus dem Glauben möchte ich versuchen das Gespräch weiterzuführen:

TS 10: Sie sagten zu Beginn, Ihr Glauben gab ihnen Halt und machte Sie glücklich und das Gebet war Ihnen das Beste.

A 11: Ja.

TS 11: Wissen Sie das Beten das Atmen der Seele ist ?

A12: Ach ich weiß nicht, ob ich das noch kann.

TS 12: Ganz sicher, denn mit jedem Atemzug beten Sie bereits. Mit dem Einatmen erbitten Sie Leben und empfangen es von Gott. Und mit dem Ausatmen danken Sie und legen es wieder in seine Hand.

A13: So habe ich das noch gar nicht gesehen, aber wenn ich so darüber nachdenke: Sie haben Recht. (atmet tief ein)

TS 13: Ja lassen Sie es uns versuchen. Einatmen= Bitte und Ausatmen= Danke. Spüren Sie wie wohl das tut ?

A14: Ja ich spüre, dass ich lebe.(atmet mehrmals tief ein und aus)

TS 14: (macht dasselbe) Bitte... Danke...

A15: Bitte...Danke...(Stimmung hellt sich auf.)

TS 15: (nach längerem Schweigen) Wie fühlen Sie sich jetzt ?

A 16: Viel besser. Ich lebe noch. Danke.

TS 16: Danken Sie Gott.

A17: Danke lieber Gott.

TS 17: Sehen Sie. Und wie Sie beten können. Sie sollten die Müttergruppe wieder aufsuchen. Dort zusätzlich Kraft und Freude tanken. Leben Sie ! Gott ist mit jedem Atemzug bei Ihnen.

A18: Vielleicht sollte ich auch noch mal versuchen, mit meinem Mann zu reden.

TS 18: Ja machen Sie das. Gott segne Sie.

A19: Sie auch und Danke.

Die Anruferin wirkt am Anfang ziemlich hilflos, weiß nicht mehr recht, was sie noch tun soll, um ihre freudlose und kräftezehrende Situation zu ändern. Diese ist ihr jedoch genau bewusst. Allerdings macht sie auch Gott dafür verantwortlich, weil er ihre Geschicke trotz ihrer Gebete und ihres Glaubens nicht so geändert hat, wie sie es gern hätte.

Der Telefonseelsorger erkennt das und gibt ihr zu bedenken, dass wir nicht über Gott verfügen können, sondern täglich neu Vertrauen fassen müssen, da unser Leben ständig im Fluss ist und auch nicht stehen bleibt.

Bemerkenswert ist, dass das Gespräch, die ganze Zeit auf der Ebene des Erwachsenen-Ich von beiden geführt wird. Es gibt keine Überkreuztransaktionen und darum ist das Gespräch auch sehr fruchtbar. Ab und an versucht zwar das vorwurfsvolle Kindheits-Ich der Anruferin Gott gegenüber durchzudringen, aber der Seelsorger fängt es ab und spielt nicht mit. So gelingt es auch über ein gemeinsames, wenn auch ungewöhnliches Gebet die Stimmung aufzuhellen und einen Weg zu entdecken, wo Lebensfreude und Kraft zurückkehren können.

2.15. Die Sinnfrage- im Nachdenken und Erleben

2.15.1. Bestimmung des Menschen

Wir Menschen sind Beziehungswesen. Unsere Bestimmung ist es Beziehung zu leben und zu erleben. Beziehung zu mir selbst, zum Nächsten, zu Gott. Eine Liebesbeziehung.

In unserer ersten Lebensphase, im ersten Lebensjahr, werden wir angenommen und getragen. Meistens in Liebe. Voller Urvertrauen ruhen wir darin und bewegen uns darin. Dieses Lebensgefühl trägt uns ganz unmittelbar.

In der Phase der Adoleszenz, in unserer Jugendzeit, geht es um die Findung unserer eigenen Identität, um die Beziehung zu uns selbst. Wir entwickeln Vertrauen zu uns selbst, ruhen und bewegen uns darin. Wir erleben uns selbst und entwickeln ein unbändiges eigenes Lebensgefühl.

In den mittleren Jahren geht es oft um die Erweiterung dieses Ich-bezogenen Lebensgefühls auf unsere Beziehungen zum Nächsten und damit verbunden meist um Umkehr und Neuorientierung. Liebevolle Zuwendung zu den Mitmenschen, Akzeptanz, Wohlwollen. Wir ruhen und bewegen uns im Miteinander. Ein gemeinschaftliches Lebensgefühl.

In unserer letzten Lebensphase, im Alter, versuchen wir alles miteinander zu verbinden und uns selbst zu integrieren im universellen Beziehungsnetzwerk. Wir ruhen in uns selbst, fühlen uns angenommen vom Nächsten und in Liebe getragen von Gott. Wir streben geheilte Beziehungen an. Wir entwickeln im Angesicht des Todes die Hoffnung auf ein Lebensgefühl darüber hinaus.

Bei diesen Ausführungen handelt es sich natürlich um meine ganz eigene Wahrnehmung von objektiven Fakten und meine subjektive innere Deutung dieser zu einem Ganzen, die so Gestalt angenommen hat.

Ich bin mir bewusst, dass hier jeder Mensch seine eigene Sichtweise hat und bei der Sicht auf die gleichen Fakten sein eigenes subjektives Bild Gestalt annimmt.

Unterschiedliche Sichtweisen sind eine Tatsache.

Unsere Bestimmung ist es sich gerade dieser Tatsache bewusst zu sein und in unserem Leben auf der Grundlage des Angenommen- und Geliebt- Seins ein Menschenbild zu entwickeln und zu reifen zum: „Ich bin OK. Du bist OK."
Oder so ausgedrückt Liebe Gott über alles und deinen Nächsten wie Dich selbst.

2.15.2. Meine Bestimmung

Mein Leben im Hier und Heute ist bestimmt durch meine ständige Orientierung an Jesus Christus. Er sagt mir: Du bist geliebt und angenommen wie Du bist. Du bist OK. Ihm gilt mein Urvertrauen. Er sagt mir: Liebe Deinen Nächsten wie Dich selbst. Von Gott angenommen und geliebt zu sein, schafft in mir Freude, Frieden und Gelassenheit und befähigt mich, mich selbst zu lieben in meiner Einzigartigkeit, als Gottes Geschöpf und Ebenbild. Ich bin OK.
So bemühe ich mich auch meinen Mitmenschen zu begegnen. Jeder Mensch ist einzigartig, ein Geschöpf Gottes, sein Ebenbild. Du bist OK.
Das ist bis heute ein Lernprozess für mich.
Vor rund 18 Monaten hat es bei mir „Klick" gemacht, als mir im Seminar mit L... K... in Meschede, wo ich den Psychoonkologielehrgang besuchte, die Tatsache unterschiedlicher Sichtweisen am Beispiel einer Zeichnung ganz klar vor Augen geführt wurde. Zwei Beobachter sehen dieselbe Zeichnung. Einer sieht eine junge Frau, der andere eine alte Frau und beide sehen „richtig".
Nun könnten sie darüber streiten, wenn jeder nur auf seiner Sichtweise bestehen bleibt und versuchen dem anderen diese überzustülpen. Tun sie das, haben sie entweder diese Tatsache unterschiedlicher Sichtweisen noch nicht erkannt oder wollen sie nicht akzeptieren. Streiten sie darüber nicht, dann hat es auch bei ihnen „Klick" gemacht. Wie gehen sie nun mit dieser Erkenntnis um ? Hier hatte L... eine weitere wunderbare Übung parat: Beide setzen sich gegenüber. Einer macht eine Faust, der andere versucht sie zu öffnen. Der Versuch wird scheitern. Mit Gewalt sowieso, aber auch mit Streicheln könnte es für den anderen unangenehm werden. Was ist die Lösung ? Ich bin OK. Du bist OK. D.h. einfach die Faust als solche anzunehmen, zu halten, zu berühren, zu begleiten.
Was dann passiert ist einfach wunderbar. Nonverbale Kommunikation Wärmeaustausch, Entspannung, Annäherung, Verschmelzung, Harmonie.
Es entsteht eine Beziehung, eine Liebesbeziehung zum Nächsten, zu meinem Mitmenschen. Ich liebe meinen Nächsten wie mich selbst.
Darin sehe ich den Sinn meines Lebens, meine Bestimmung: zu lieben.
Das bedeutet für mich: Lass immer eine Brücke entstehen - Liebe.
In diesem Sinne möchte ich Brückenbauer, Friedensstifter, Friedensmacher, Begleiter, Seelsorger sein.

2.15.3. Die biblische Botschaft im Nachdenken über die Sinnfrage

Wir Menschen möchten gesund, reich, schön, anerkannt und glücklich sein.
Danach ist uns der Sinn.
Wir sind aber auch krank, arm, hässlich, ausgestoßen und unglücklich.
Ist dieses Leben dann sinnlos ?
Finden wir nur Frieden, wenn sich unsere oben genannten Wünsche erfüllen ?
Können wir Gott dafür verantwortlich machen und in unserem Sinne über ihn
verfügen ?
Sind wir dann nicht nur uns selbst der Nächste ?
Was wird dann aus unserer Beziehung zu Gott und zu unseren Mitmenschen ?
Hiob lernt beide Seiten kennen. Erst hat er alles, was ein Mensch im Leben nur
begehren kann. Dann verliert er alles. Trotzdem lässt er nicht ab, von Gott und
von seinen Mitmenschen. Nicht, dass er alles nur dulden und hinnehmen und als
Bestrafung für Schuld ansehen würde, nein. Er kämpft und streitet mit Gott. Er
bäumt sich auf und verflucht den Tag seiner Geburt (Hiob 3, 2-3). Er und seine
Freunde werfen die Frage auf: Warum muss der Gerechte leiden ? Wird der
Ungerechte nicht für seine Schuld bestraft ? Hiob sucht den Sinnzusammenhang
Schließlich geht ihm Gott als der je größere und als der ganz andere auf, dessen
Wege dem Menschen unergründlich sind und dessen Weisheit unerforschlich ist
(Hiob 40, 2-4 u. 42, 2-4). Gott ist dem Menschen nicht verfügbar.
Auch Jesus macht deutlich, das es keinen Zusammenhang zwischen Leid und
Sünde gibt, als ihn die Jünger fragten: „Warum wurde dieser Mann blind
geboren ? Ist es wegen seiner eigenen Sünden oder wegen der Sünden seiner
Eltern ?" „ Es lag nicht an seinen Sünden oder den Sünden seiner Eltern"
antwortete Jesus. „ Er wurde blind geboren, damit die Kraft Gottes an ihm
sichtbar werde. Wir alle müssen die Aufgaben dessen, der mich gesandt hat,
rasch erfüllen." Johannes 9, 2-4
Jesus erfüllte seine von Gott gegebene Aufgabe. Er nahm die Sünden der
Menschen auf sich und bezahlte sie mit seinem unschuldigen Tod am Kreuz.
Unsere Sünden sind also längst bezahlt. Menschliches Leiden als mögliche
göttliche Form von Bestrafung ist also gar nicht notwendig.
Die biblische Botschaft lautet: Komm wie Du bist, ob krank oder gesund; arm
oder reich; schön oder hässlich; anerkannt oder ausgestoßen; unglücklich oder
glücklich. Ich schenke Dir meinen Frieden und mein Heil. Du bist angenommen.
Jesus ist der Heiland der Welt. Er schafft geheilte Beziehungen zu uns selbst, zu
unseren Mitmenschen, zu Gott. Durch seinen Opfertod ist er uns längst der
Nächste, auch wenn wir weiter versuchen würden es uns selbst zu sein.
Er macht uns heil, auch wenn wir krank sind. Schenkt uns Frieden, selbst im
Leid und Gelassenheit bei allem menschlichen Unglück, was uns begegnet.
Auch H. C. Piper sagt sinngemäß: Es geht nicht darum jeden Sinn deuten zu
wollen, sondern seine von Gott bekommene Aufgabe, seinen Platz im Plan
Gottes anzunehmen und auszufüllen, ganz im Vertrauen auf Gottes Liebe.

2.15.4. Bearbeitung Gesprächsprotokoll

Der Anrufer befindet sich in der Lebensphase der mittleren Jahre. Für ihn eine Phase der Neuorientierung. Auch in Bezug auf die Frage nach dem Sinn seines Lebens. Er fragt sich das besonders im Betrachten seiner Beziehungen auf der einen Seite zu seiner Frau, von der er eigentlich schon getrennt sein wollte und auf der anderen Seite zu seiner 21 Jahre jüngeren Freundin, welche sich gerade von ihm getrennt hat, um seiner Ehe wieder eine Chance zu geben.

Er leidet sehr unter dieser Trennung oder besser unter dem Verlassen- worden-sein. Er spricht von ihr als dem Mädchen, obwohl sie 29 Jahre alt ist. Das Wort Freundin oder Lebensgefährtin verwendet er nicht. Auch vergleicht er sie nicht mit seiner Frau (siehe TS 11 und A11).

Diese befindet sich aus meiner Sicht auf einer anderen höheren Ebene. Er möchte nicht, dass sie unglücklich ist und leidet. Er fühlt sich schuldig, verantwortlich, sie jahrelang nicht beachtet und vernachlässigt zu haben, auch bevor er das „Mädchen" kennen lernte. „Man kann einfach nicht glücklich sein, wenn man dadurch einen anderen Menschen unglücklich macht." (A12) Er meint natürlich damit sich selbst, auch wenn er es hier verdrängt. Er kann nicht glücklich sein. „Wenn nur nicht meine Frau so darunter gelitten hätte." Ihr Kranksein macht ihm große Sorgen.

Bezogen auf sich selbst und sein Verlassen- worden- sein verspürt er großen Liebeskummer, was das Mädchen betrifft und weiß nicht wie er diese „ganze Quälerei" aushalten soll. Hier erscheint ihm sein Leben sinnlos (A17).

Bezogen auf die Beziehung zu seiner Frau sucht er wenn auch zunächst unbewusst nach einem Weg ihr zu helfen, d.h. eine heile und heilende Beziehung zu ihr herzustellen. Hier erkennt er dann auch vorerst einen Sinn. Der Telefonseelsorger macht es ihm deutlich: „ Sehen Sie nicht vorerst einen Sinn darin, Ihrer Frau zu helfen ?" (TS18). „Ja, das schon." (A18)

Mit Fingerspitzengefühl und einfühlenden Fragen, sowie mit stützenden Antworten gelingt es dem Seelsorger den Focus des Anrufers von seinem Ich-bezogenen Kindheits-Ich verbunden mit dem Gefühl sinnloser Zukunftsaussichten und quälendem Liebeskummer wegzulenken, hin zu seinem verantwortlichen Erwachsenen-Ich, was in dem Bemühen um eine heilende Beziehung zu seiner Frau einen Sinn erkennt.

Somit bekommt aus meiner Sicht die Sinnfrage für den Anrufer auch einen ganz anderen Stellenwert. Weg vom Versuch, sich selbst der Nächste zu sein. Hin zum Bemühen heilende Beziehungen zum Nächsten zu schaffen, was dann auch wieder eigene Heilung schafft, also Sinn macht. Beziehung macht Sinn und gibt Sinn, ist Lebenssinn. Hier beim Anrufer besonders in seiner Lebensphase der mittleren Jahre. Er findet neu Orientierung durch die Erweiterung seines Blickfeldes über sein Ich hinaus auf seine Mitmenschen, hier besonders auf seine Frau. Geweitet hat ihm diese Sichtweise sein „Mädchen", was sich freiwillig und weitsichtig im richtigen Augenblick von ihm getrennt hat.

2.15.5. Klagen

Wenn ich die 23 Verse dieses Klageliedes auch mich wirken lasse verspüre ich folgende Bewegung:
18 Verse geht es immer weiter und in heftiger werdenden Schüben abwärts.
3 Verse Finsternis, dazu 3 Verse Zerschlagenheit, weiter 3 Verse Einengung, dann 2 Verse Zerrissenheit, dazu 2 Verse in Beschuss und 2 Verse Spott und dann noch je einen Vers Erniedrigung, Verstoßensein und Hoffnungslosigkeit.
Hier ist dann auch der Tiefpunkt erreicht: 18.Vers „Mein Ruhm und meine Hoffnung auf den Herrn sind dahin!"
2 Verse verweilt der Klagende denkt und erinnert Leid, Verlassenheit, Bitterkeit, Gift und Niedergeschlagenheit (19. u. 20.)
Der Aufstieg gelingt in 3 Versen: 21.Vers dennoch hoffen, 22.Vers auf Gnade und Erbarmen, 23. Vers auf Gottes Treue.

Nach dem 17.Vers habe ich unwillkürlich eine längere Pause gemacht:
„Meine Seele hat er vom Frieden verstoßen; was Glück ist, habe ich vergessen."
Warum ?
Hier liegt für mich der eigentliche Grund der dann den Tiefpunkt an Hoffnungslosigkeit im 18. Vers markiert. In dem Gefühl völliger Beziehungslosigkeit, glücklos und ohne Frieden, verstoßen und allein, in den Staub gedrückt.

Ich kann diesen Prozess gut nachvollziehen, dieses erst langsame und dann immer schnellere Hineinfallen in das Loch, indem alles eigene Wollen, Verlangen, Begehren, Streben, Hoffen nach Ehre, Ruhm, Anerkennung, Reichtum, Schönheit, Gesundheit, Vollkommenheit und Unsterblichkeit unaufhaltsam zerrinnt, gleich einer Sanduhr, bis das letzte Sandkorn hindurch gefallen ist. Der eigene Tiefpunkt erreicht ist.
Spätestens hier hat die Ich- Bezogenheit, das sich selbst der Nächste sein zu wollen ein Ende. Hier wird mir der Sinn des Lebens sichtbar: Kann ich mich fallen lassen in die Hand Gottes, in seine Liebe ? Kann ich übers Wasser gehen, Jesus entgegen ? Kann ich Vater und Sohn vertrauen ? Der Stimme seines Geistes in mir ? Genügen mir Gottes Gnade, sein Erbarmen, seine Treue ?
Finde ich in geheilter Beziehung zu Gott, zum Nächsten und zu mir Frieden und erfahre unvergessliches Glück ? Kann ich dieses göttliche Beziehungsnetzwerk erkennen ? Meinen Platz und meine Aufgabe darin ? Mein Angenommensein ?
Dann geht es mir wie Jeremia dem Klagenden und der Aufstieg in Beziehung gelingt schnell.

Beziehung macht Sinn.

2.16. Meditation

2.16.1. Spiritualität, Meditation, Gebet – Gemeinsamkeiten, Unterschiede der Begriffsinhalte

Alle drei Begriffe beinhalten für mich den Atem, Odem, Geist als Bindeglied mit Gott.
Meine Spiritualität bringt meine Geisteshaltung Gott gegenüber zum Ausdruck.
Mein Gebet ist gelebte Spiritualität, das Atmen meiner Seele, meiner Ganzheitlichkeit. Ich äußere mich Gott gegenüber. Ich schreie. Um dann immer stiller zu werden.
In der Meditation komme ich über meinen Atem zur Ruhe, Stille kehrt ein. Ich innere mich Gott gegenüber. Ich bete schweigend, wartend. Um dann Gottes Antwort zu bekommen. Ganz aus der Tiefe heraus.
Um Gott zu finden, musste ich diese 3 Ebenen/Tiefenschichten durchlaufen:
Von meiner Hinwendung zu ihm, meiner Einnahme dieser ihm zugewandten Geisteshaltung, über mein Schreien zu ihm, mein Gebet, wurde ich immer stiller, vertrauensvoller, gelassener, ruhiger, um dann aus der Tiefe seiner unendlichen Liebe heraus, tiefen Frieden zu empfangen. Geborgensein, Getragensein, Geliebt sein. Die Antwort Gottes in der Meditation. Diese löst wiederum Freude und Kraft aus, Impulse und Schwung empor auf Berge voller Glück und Seligkeit, befreit und beflügelt.
Für mich beinhalten diese 3 Begriffe einen immer enger werdenden Beziehungsgrad zwischen Gott und mir selbst. Sie bringen meine ganz persönliche Beziehung zu Gott zum Ausdruck, meinen Weg zu ihm.

Über diesen Weg kann ich auch zu meinem Nächsten finden. Oder aber auch über meinen Nächsten zu Gott. Spiritualität, Gebet und Meditation verbindet.

Selbst mit Menschen oder Menschen welche sich Gott nicht zuwenden, sondern vielleicht zuerst sich selbst oder dem Nächsten. Hier ist Gebet vielleicht ein sich vom Herzen reden, das Herz ausschütten; Meditation eine Atemtechnik um abzuschalten, stille zu stehen, zu entspannen und Spiritualität die Freude eines Sinnes und eines Geistes bei der Verwirklichung des gemeinsamen Lebens- und Menschenbildes zu sein.

Über den Atem/Odem/Geist sind wir miteinander verbunden und leben wir.
So auch immer spirituell/geistbewusst , betend/schreiend, meditierend/hörend.

2.16.2. Meditation im persönlichen Lebensvollzug

Als ich vor dreieinhalb Jahren P... kennen lernte und sie mich nach meinem Glauben fragte, begann für mich ein neuer Abschnitt der Auseinandersetzung mit diesem. Ich hinterfragte, was ich bisher oft als gegeben und selbstverständlich hingenommen hatte. Ich wurde mündig. Diese erneute Standortbestimmung gelang, weil ich dem Geist Gottes Raum gab und auf seine Stimme hörte.
Zunächst unbewusst. Zur Meditation hatte ich da noch keinen Zugang. Allein die bewusstere Zuwendung bewirkte schon Wachstum und Veränderung.
Ersten Zugang fand ich während des Psychoonkologielehrgangs 2007.
Schärfung der eigenen Wahrnehmung, Atem- und Entspannungsübungen, die Arbeit mit inneren Bildern, das Entdecken eigener Ressourcen und die Aktivierung der Selbstheilungskräfte durch eine positive Erwartungshaltung öffneten diese meditative Tür. Und nun aktuell bis hin zur christlichen Meditation, die mir durch diesen Studienbrief umso wertvoller wird.

Im Laufe eines Tages bin ich eigentlich ständig mit Gott im Gespräch, in Verbindung, meist ohne Worte, oft in Gedanken. Besonders wertvoll sind mir dann die Augenblicke, wo ich versuche, gar nichts zu denken und dann einfach abwarte, was passiert. Am besten kann ich das im Liegen bei leiser Musik oder im Stehen mit ausgebreiteten Armen, wenn dabei die Sonne auf mein Gesicht scheint. Dann spüre ich schweigend meist nach einem kurzen Stoßgebet, die Nähe Gottes und kann mich oftmals meiner Tränen nicht mehr erwehren.
Wenn mich dieses Gefühl von Liebe und Wärme durchzieht, versuche ich alle Kraft für mich daraus zu ziehen, um freudig und gelassen durch den Tag gehen zu können. Meist schicke ich diese Schwingungen dann auch gleich weiter an Menschen die mir gerade besonders nahe sind und die ich in meiner Fürbitte vor Gott bringen und mit ihm verbinden möchte, weil sie des Heilands Jesus und oft auch der Heilung von Krankheit bedürfen.
Manchmal kommen mir beim Meditieren Gedanken oder Bilder, Sinnzusammenhänge werden klar, sodass ich mich sofort hinsetze, um sie dann zu Papier zu bringen. Viele dieser Studienbriefe sind so entstanden.
Oftmals werden Gedanken oder Überlegungen auch von anderen Mitmenschen bestätigt, ohne das diese meine kennen oder mich kennen.
Interessant ist auch zu sehen, wie sich Kirche entwickelt, meist anders als die Institution es will. Besonders da, wo wir dem Heiligen Geist Raum geben.

Ich wünsche mir täglich neu ganz persönlich seine Stimme zu hören, in der Stille beim Meditieren. Klasse wäre dann auch noch die Bestätigung in der Gemeinschaft, im Gottesdienst in der Predigt, bei der Feier des Heiligen Abendmahls oder im Alltag bei der Begegnung mit meinen Mitmenschen.

2.16.3. Möglichkeiten meditativer Übungen in der Seelsorge

runter kommen von den Sorgen und Belastungen des Alltags
weg kommen von dem Nachsinnen der Vergangenheit
raus kommen aus dem Grübeln über die Zukunft
ankommen im Hier und Jetzt
Gedanken ausschalten, ganz hier sein
Schärfung der Selbstwahrnehmung
mit allen Sinnen sehen, hören, riechen, schmecken, fühlen, spüren
sich ganz bewusst sein
Stille aushalten
Fallen lassen
Loslassen
Auf Empfang stellen
Warten
Geduld üben
Vertrauen
Annehmen
Getragen werden
Frieden erleben
Freude spüren
Kraft bekommen
Gelassenheit ausstrahlen
den heutigen Tag meistern

2.17. Wer bin ich- als Person/im Beruf/als Seelsorger(in) ?

2.17.1. Wer bin ich ?

Ich will erneut versuchen mich in meiner Person anhand der 4 Kategorien von F. Riemann zu beschreiben.

Am deutlichsten finde ich mich in der ersten Kategorie, der schizoide Mensch und die Erkenntnis wieder. Ganz sicher habe ich als Neugeborener sehr viel Zuwendung und Aufmerksamkeit, gepaart mit gesteigerter Vorsicht und Ängstlichkeit etwas verkehrt zu machen erfahren. Ich bin der Erstgeborene von den 4 Kindern meiner Eltern, gewünscht, aber sicher noch nicht so schnell geplant. So habe ich eine gewisse Reizüberflutung erfahren, sowie Vorsicht und auch Ängstlichkeit übernommen.

So fällt es mir schwer mich in Gefühlsbeziehungen einzulassen, mich völlig gefühlsöffnend hinzugeben, in der ängstlichen Vorstellung dann abhängig und ausgeliefert zu sein. Ich wahre eine mich schützende Distanz. Andererseits vermisse ich so aber mitmenschliche Geborgenheit und bin enttäuscht über ausbleibendes Feedback. Ich habe bisher versucht autark zu sein, das Leben erkennend, abstrakt-theoretisch zu begreifen und zu bewältigen. Heute bin ich auf dem Weg neben der Beziehung zu mir selbst und zu Gott, auch die zu meinen Mitmenschen durch mehr Aufmerksamkeit und Zuwendung zu verbessern und aufzubauen. Mehr Brücken zu bauen, mehr zu lieben.

So finde ich in der zweiten Kategorie, der depressive Mensch und die Liebe schon einige Ansatzpunkte. Ich habe eine „gute" Mutter in mir aufgenommen und fühle mich aus der Tiefe meines Selbst heraus als liebenswert. Ich habe liebende Zuwendung erfahren und daraus Hoffnung, Einfühlungsvermögen und liebende Zuwendung entwickelt. Ich habe jedoch weder Verwöhnung noch Versagung erfahren. Am Ende meines ersten Lebensjahres, war meine Mutter bereits wieder schwanger und meine Schwester unterwegs, sodass Reizüberflutung und Vorsicht nicht mehr nur ungeteilt mir gelten konnten, was sicher ganz gut für mich und meine weitere Entwicklung gewesen ist. So konnte ich Fähigkeiten der Liebe entwickeln, wie Tragkraft, Geduld, Vertrauen, Hoffnung, Freundlichkeit, Hilfsbereitschaft, Einfühlungsvermögen, Gelassenheit Wenn ich die dritte Kategorie, der zwanghafte Mensch und das Gesetz betrachte, konnte ich eine gute Eigenständigkeit entwickeln. Mit fünf Jahren lebte ich nun mit bereits zwei Geschwistern zusammen und konnte mich frei entfalten. Außerdem gelang es mir mich gut ins Familienleben einzuordnen, sodass ich weder eine harte, noch eine weiche Erziehung verspürte, eher eine geradlinig konsequente meines Vaters und eine liebevoll ausgleichende meiner Mutter. So konnte ich eine gesunde Beziehung zu Autorität entwickeln und Eigenschaften wie Verantwortungsbewusstsein, Ordnung, Verlässlichkeit und Pünktlichkeit ausbilden.

Was die vierte Kategorie, der hysterische Mensch und die Freiheit betrifft, bin ich wohl eher ein Spätzünder, was mein Hineinwachsen in meine Geschlechterrolle und in meine Identität betrifft. Da ich weder in der Kinderkrippe noch im Kindergarten war, sondern wohlbehütet im Kreis der Familie und mit meinen 3 Geschwistern aufwuchs, vollzog sich mein Hineinwachsen in die Realität erst mit Schulbeginn. So blieb ich auch dann noch lange in der magischen Wunsch- und Phantasiewelt, bevor ich selbstbewusst in die Realität treten konnte. Da mein Selbstwert eher zuwenig gefördert wurde, brach er später umso gewaltiger, selbstüberschätzender aus mir heraus, im Versuch, die Rolle des Starken, Selbstbewussten, Erstgeborenen zu spielen, verbunden mit einem ausgeprägten Streben nach Geltung und Anerkennung. Heute erkenne ich, dass ich auch schwach bin und schwach sein darf. Ich habe gelernt loszulassen und mich auch fallen zu lassen. Letztendlich weiß ich mich geborgen und geliebt von Gott, so wie ich bin.

Dies macht mich zusammenfassend freudig und gelassen, tolerant mir selbst und anderen gegenüber, strebend nach weiterer Erkenntnis in die Geheimnisse Gottes in seiner Schöpfung und mit uns Menschen, offen für meine Umwelt und gespannt und freudig erregt, auf dem weiteren Weg zu mir, zu Gott und zu meinen Mitmenschen.

Auf diesem Weg erlebe ich immer mehr Befriedigung meiner Bedürfnisse nach Erkenntnis der Wahrheit und Aufgehobensein in liebevoller Beziehung, sowie Erfüllung meiner Sehnsüchte nach zeitlos Gültigem und nach freier Selbstentfaltung hin zur gottgewollten Daseinsform von Ich bin OK. Du bist OK

2.17.2. Ich im Beruf

In meiner Tätigkeit als Liquidator bin ich mit der Auflösung der Gesellschaft betraut, deren Geschäftsführer ich bis zur Insolvenz dieser war.

Hier handle ich rein verstandesgemäß, möglichst ohne Gefühle zuzulassen. Da ich hier nicht mehr mit Mitarbeitern und Mietern zu tun habe, wie zu Zeiten der Geschäftstüchtigkeit der Firma, ist dies aus meiner Sicht auch der beste Weg die Gesellschaft aufzulösen und letztendlich davon loszulassen.

Mich gefühlsmäßig wieder darauf einzulassen, um vergangenen Zeiten nachzutrauern, würde mich in meinem Verarbeitungsprozess wohl eher zurückwerfen und den Auflösungsprozess nur wieder noch schmerzlicher erscheinen lassen.

Hier kann ich mein Geltungsbedürfnis richtig ausleben und spiele die Rolle des gefühllosen, nur verstandesgemäß gesteuerten Liquidators, in dessen Hand allein es liegt, wie und wann die Gesellschaft aufgelöst wird. Der Hysteriker und der Schizoide gehen Hand in Hand.

Aufmerksam auf diesen Umstand hat mich ein ehemaliger Mieter gemacht, der mich ja noch aus erfreulicheren Zeiten kannte, wo ich mich mit Herzblut für meine Mitarbeiter, für Eigentümer und Mieter stark gemacht habe, um erfolgreich in der Immobilienverwaltung zu sein. Zu dieser Zeit habe ich vielleicht sogar zu sehr intuitiv und zu wenig rational gehandelt. Dieser ehemalige Mieter hatte den Unterschied der Rollen bemerkt und bewunderte, wie „locker" ich nun das auflöste, wofür ich zuvor soviel Herz investiert hatte.

Verhältnis Individualität und Berufsrolle

Während meine Rolle als Geschäftsführer eher konform mit meiner Person lief, bin ich hier in einer Rolle, welche ich mir nicht ausgesucht noch gewünscht habe. Auf der anderen Seite habe ich dadurch auch viel gelernt und an Erkenntnis dazu gewonnen. Ich verstehe nun besser, was es heißt, von materiellen Dingen loszulassen. Dies wiederum hat meine Sicht auf den Nächsten, weg vom Ich-Bezogensein, hin zum Miteinanderverbundensein geschärft und möglich gemacht. In diesem Sinne ist dieser Prozess eher förderlich für meine weitere Persönlichkeitsentwicklung, besonders auch im Hinblick auf meine seelsorgliche Tätigkeit.

2.17.3. Ich als Seelsorger

Als Seelsorger versuche ich allen 4 Persönlichkeitskategorien in mir möglichst gleiches Gehör zu verschaffen: Der Erkenntnis, der Liebe, dem Gesetz und der Freiheit. Dabei mache ich mir bewusst, dass ich in der liebevollen Zuwendung und Aufmerksamkeit meinem Nächsten gegenüber noch wachsen möchte. Ebenso in der Vermittlung von Sicherheit und Verlässlichkeit, was wiederum viel Trost bereiten kann. Dem gegenüber möchte ich meinen Drang nach Geltung und Selbstdarstellung zügeln und mich ebenso weniger vom Verstand und mehr von den Gefühlen leiten lassen. Ich möchte ein für mich gutes und stimmiges Gleichgewicht finden, ohne meine Persönlichkeit zu verlieren. Ich möchte echt und authentisch sein und wachsen, um vollkommener zu werden. Gleichzeitig bin ich mir meiner Schwächen und Fehler bewusst, möchte sie nicht beschönigen, sondern in der Lage sein, sie einzugestehen und zu bekennen. Dabei weiß ich mich getragen von der Liebe Gottes.
Dies soll für alle Rollen gelten, die ich im Leben einnehme, denn dann sind dies keine einzelnen Rollen mehr, sondern dann bin das immer ich.
Dann werden auch alle Lebensbereiche ergänzend, belebend und hilfreich zusammenspielen.
Auf diesem Weg befinde ich mich auch gerade.
Ob als Seelsorger, Lebenspartner, Arbeitskollege, Nachbar, Freund, Bruder, Sohn, Studienkollege, Gemeindemitglied, Bürger, Christ, Mensch, Lebewesen, Geschöpf Gottes...
Ich möchte immer zugewandt sein, echt, aufmerksam, liebend, begleitend, freudig, dankbar, positiv erwartend, zuhörend...

Dazu suche ich ständig neu den Dialog, das Zwiegespräch mit mir, mit meinem Nächsten, mit Gott, mit der Natur und sorge dafür, dass dieses nicht abbricht. So habe ich auch für mich Seelsorge begriffen. So sorgt Seelsorge dafür, dass Zweifel nicht umschlägt in Verzweifelung oder positiv ausgedrückt, das dieser Dialog zu einem versöhnten Dialog wird, zu einem Prozess der Verständigung miteinander auf der Basis von Ich bin OK. Du bist OK. Mit Jesu Worten ausgedrückt: Liebe Gott über alles und deinen Nächsten wie Dich selbst. Besonders in meiner Aufgabe als ehrenamtlicher Krankenhausseelsorger im Elisabeth-Krankenhaus in Halle möchte ich diesen Dialog suchen. Gerade im Kranksein stoße ich schnell an Grenzen, wo Zweifel in Verzweiflung umschlägt, Hilflosigkeit und das Gefühl des Ausgeliefertseins Kraft und Mut zu kämpfen sinken lässt. Hier Vertrauen und Hoffnung zu geben, aktiv zuhören zu können, Ängste zu spüren und auszuhalten, das Gefühl und die Gewissheit zu geben: Du bist nicht allein. Ich bin da. Ich begleite Dich auf Deinem Weg. Du musst nicht nur kämpfen, du darfst loslassen und dich fallen lassen. Das ist OK. Du bist OK. Menschenliebender Gott, gib mir Kraft, Freude und Gelassenheit für diesen Dienst am Nächsten, damit an Dir und auch an mir selbst.

2.17.4. Das Priestertum aller Gläubigen

Sowohl nach katholischem als auch nach evangelischem Verständnis sind das Priestertum aller Gläubigen und das Amt benannt und stehen im Verhältnis zueinander. Es ist Aufgabe aller Christen das Evangelium zu verkündigen und in die Welt zu tragen. Alle Christen sind gesandt. Die Ämter in ihrer Mitte, als Teil der Gemeinde. Andererseits stehen sie der Gemeinde gegenüber gesandt und bevollmächtigt durch Jesus Christus, zum Dienst an den Menschen.
Hier liegt auch das Spannungsfeld, was es auszuhalten gilt.
Nach evangelischem Verständnis, besonders nach Luther steht das Priestertum aller Gläubigen im Vordergrund, grundsätzlich ist das von Gott eingesetzte Predigtamt der Kirche allen Christen gemeinsam gegeben. Die öffentliche Ausübung jedoch ist an die Berufung durch die Gemeinde gebunden. Weniger betont wird hier das kirchliche Amt als Stiftung Jesu.
Nach katholischem Verständnis steht Sendung und Vollmacht durch Jesus Christus zum Dienst im kirchlichen Amt im Vordergrund und das gemeinsame Priestertum der Gläubigen wird weniger betont.
Es gibt jedoch Bemühungen das jeweils unterbetonte mehr in den Blickpunkt zu stellen und so ein gewisses Gleichgewicht herzustellen, ohne das „in der Gemeinde" des Dienstes (Amtes) mit dem „gegenüber der Gemeinde" aufzuheben oder zu verwischen. So werden in der evangelischen und katholischen Kirche gemeinsame Formulierungen wie z.B. im Lima-Papier von 1982 ausgesprochen, wo die Berufung des ganzen Gottesvolkes betont wird unter Einbeziehung aller Gläubigen inklusive Amtsträger und ihrer Bezogenheit aufeinander.

Paulus spricht im 1.Korinther 12 von der Vielfalt der Gaben/Fähigkeiten geschenkt von einem Geist/ von Gott. Er spricht vom einen Leib Christi mit seinen vielen Gliedern und Organen. Von der Einheit in der Vielfalt/ Vielheit in Jesus Christus. Hier füllt jeder Christ seinen Platz/ seinen Dienst zum Wohlbefinden der ganzen Gemeinde/ des ganzen Leibes Christi aus. Dabei wird jeder an seinem Platz gebraucht und ist gleichwertig und wichtig, ob Glied oder Organ, ob Laie oder Ordinierter.

Im Organismus meiner Gemeinde Halle sehe ich meinen Seelsorgedienst inmitten der Gemeinde, als Teil dieser. Andererseits als Gegenüber zum Nächsten, den ich seelsorglich begleite. Ich bin Teil der Gemeinschaft, mittendrin, angenommen, aufgehoben in ihr. Ich bin Gegenüber der Gemeinschaft als Ansprechpartner/ Begleiter des Einzelnen/ Betroffenen/Nächsten im seelsorglichen Dienst, hier im besonderen in der Krankenhausseelsorge als ehrenamtlicher Krankenhausseelsorger im EKH. Beides ist mir wichtig, mittendrin zu sein und eine besondere Aufgabe zu haben.

2.18. Seelsorge in biblischen Bildern

2.18.1. Mein biblisches Bild für Seelsorge

Im Hinblick auf Seelsorge möchte ich ein anderes biblisches Bild beschreiben, was mich momentan anspricht:

Matthäus 14,22-33
Die Fahrt der Jünger über den See

Jesus drängt seine Jünger ins Boot zu steigen und an das gegenüberliegende Ufer vorauszufahren. Er will erst noch die Volksmassen entlassen. Dann geht er auf den Berg, um allein zu beten, bis in die Nacht hinein.
Die Jünger geraten bei der Überfahrt in Seenot und ihre Verzweiflung wächst, drei Nachtwachen lang. Sie schreien und rufen um Hilfe, aber es wird immer schlimmer und keine Hilfe in Sicht. In der vierten Nachtwache kommt plötzlich ein scheinbares Gespenst auf sie zu und sie brüllen vor Furcht. Da hören sie Jesu Stimme: Ich bin es. Fürchtet Euch nicht. Da ruft Petrus: Wenn Du es bist, dann lass mich zu Dir kommen. Jesus: Komm! Petrus steigt aus dem Boot und geht auf dem Wasser auf Jesus zu. Da wird er sich der Wellen bewusst, erschrickt, fängt an zu sinken und schreit: Herr, rette mich. Sofort streckt Jesus ihm die Hand hin und hält in fest: Du hast nicht viel Glauben. Warum hast du gezweifelt? Schließlich steigen sie zurück ins Boot und der Wind legt sich. Da fallen die Jünger vor Jesu Füße und beten ihn an: Wahrhaftig, Du bist Gottes Sohn. Sie kommen sicher ans Ufer.

So wie die Jünger von Jesus über den See geschickt wurden, so sind auch wir auf unserem Weg durchs Leben. Hineingestellt in die Welt mit ihren Höhen und Tiefen, mit ihrem starken Wellengang. Wir spüren die Nöte und sind in Sorge, um unser Leben. Je länger diese Bedrängnis dauert und je höher die Wellen sich aufbäumen, umso ängstlicher werden wir. Wir spüren unsere Hilflosigkeit, unser Ausgeliefertsein und schreien um Hilfe. Nichts tut sich. Wir kämpfen und mühen uns der Situation Herr zu werden, doch die Nöte werden größer und kommen wie ein bedrohliches Gespenst auf uns zu. Wir brüllen vor Verzweiflung. Wo bist Du Gott ? Warum hörst Du uns nicht ? Dann hören wir eine Stimme: Ich bin es. Fürchtet Euch nicht. In meiner größten Verzweiflung bin ich zu allem bereit: Wenn Du es wirklich bist Gott, dann lass mich zu Dir übers Wasser kommen. Er sagt: Komm. Ich gehe los. Endlich raus hier. Und schon gehe ich auf dem Wasser. Als ich mir dessen bewusst werde und die Wellen um mich herum sehe, kommt die pure Angst wieder und ich drohe zu versinken. Da ergreift Jesus meine Hand, zieht mich aus dem Wasser und wir steigen zusammen ins Boot: Dein Glaube ist gering. Warum zweifelst Du ? Die

Wellen haben sich gelegt und die Fahrt bis zum Ziel verläuft ruhig. Alle sind froh und beruhigt das Jesus an Bord ist und fallen ihm dankbar zu Füßen.

In diesem biblischen Bild und in dem Versuch es im Hier und Heute zu beschreiben, wird Seelsorge für mich augenblicklich besonders deutlich. Seelsorge als Begleitung und Hilfe in größter Verzweiflung. Das Angebot: Ich bin es. Komm ! Und die rettende Hand. Beides schafft Beziehung/ Verbindung durch Gespräch und Tat. Führt aus der Verzweiflung heraus, selbst wenn Zweifel bleiben, schafft Beruhigung/ Ruhe/ Sicherheit und freudige Dankbarkeit/ Gelassenheit. Hier ist Seelsorge ein Stück Wegbegleitung, um aus Verzweiflung/ Getrenntsein wieder in Beziehung zu führen, auch wenn die Spannung zwischen Vertrauen und Zweifel bestehen bleibt.
Das Angebot: Ich bin es. Ich bin da. Fürchte Dich nicht. Fordert mich in größter Bedrängnis dazu heraus, zweifelnd zu fordern: Dann lass doch das Wunder geschehen und mich übers Wasser gehen, wenn Du der wirklich bist, der mich vorm Tod erretten kann. Wir sind also im Gespräch. Die Antwort lautet: Komm! Nun ist meine Tat und mein Vertrauen gefragt. Bin ich bereit das Boot zu verlassen, loszulassen ? In der größten Verzweiflung bin ich es. Ich gehe das Wagnis ein. Ich trete in Beziehung. Ich gehe übers Wasser, bin nicht mehr mir selbst der Nächste. Lange gelingt mir das nicht, die Verbindung bricht ab, ich sehe mich in der Gefahr, im Angesicht des Todes, ich versinke. Genau in diesem Augenblick ist es Jesus, der meine Hand ergreift und mich rettet. Ich habe in diesem Augenblick nichts dazu beigetragen. Er hat den Tod besiegt. Er hat die Macht dazu. Mein Wagnis übers Wasser zu gehen, hat sich letztendlich gelohnt. Diese Erfahrung lässt mich auf meiner weiteren Reise ruhig und gelassen sein. In meiner Seele kehrt Frieden ein, ich weiß Jesus im Boot, er begleitet mich, sorgt für mich, meine Seele. Seelsorge pur.

Jeder Mensch der diese Erfahrung von Beziehung zu Gott oder zum Nächsten gemacht hat, erlebt dadurch die heilende Beziehung zu sich selbst. Liebe schafft Heilung. Gottes Liebe schafft Heil. Bin ich mit mir selbst im Reinen, bin ich auch in der Lage Seelsorger für meinen Nächsten zu sein, eine Brücke entstehen zu lassen, liebevolle Beziehung/Zuwendung. Jesus schafft dieses Heil in mir. Es liegt an mir diesem Geist der Liebe Raum zu geben, mich Gott zuzuwenden, sein: Komm! anzunehmen und das Wagnis einzugehen, übers Wasser zu gehen. Dann erlebe ich Seelsorge an mir und werde zu einem Seelsorger für meine Mitmenschen, der das Menschenbild Jesu verinnerlicht hat: Liebe Gott über alles und deinen Nächsten wie Dich selbst.

2.18.2. Mein Seelsorgeverständnis

Was verstehe ich unter christlicher Seelsorge ?
Erwartungen vom Gesprächspartner, von der Bibel und von mir aus gesehen

Zunächst, was ist Seele?
Wir können nicht sagen: die Seele, denn Seele ist nicht gegenständlich.
Besser bringen wir es so zum Ausdruck: Wir sind beseelt.
Die Bibel beschreibt es vorzüglich: Da formte Gott, der Herr, aus der Erde den Menschen und blies ihm den Atem des Lebens in die Nase. So wurde der Mensch lebendig (eine lebendige Seele).1.Mose 2,7
So können wir sagen, der ganzheitliche Mensch ist Seele oder ist beseelt.

So verstehe ich christliche Seelsorge als Sorgen für den ganzheitlichen Menschen in seiner Beziehung zu sich selbst, zum Nächsten, zu Gott. Sorgen in Form von Beziehung halten/ Beziehung herstellen, in Form von leben. Leben ist nur in Beziehung möglich. Darum sorge Dich nicht! Lebe. Sei nicht ängstlich oder besorgt. Vertraue der heilsamen Wirkung von Beziehung. Vertraue der heilenden und heilsbringenden Beziehung die Gott Dir in liebevoller ständiger Zuwendung schenkt. Trage Sorge ebenfalls stets zugewandt zu sein.

Hier setzt Seelsorge an: Im Dialog mit mir, mit Gott, mit dem Nächsten und in der Sorge diesen stets aufrecht zu erhalten. Dank meiner Seele kann ich das. Im Zwiegespräch sein. Ich kann mich mit Gott auseinandersetzen, ich kann Angst haben und hoffen, ich kann schreien und loben, ich kann niedergeschlagen sein und den Herren erheben. Und ich kann zweifeln, zuweilen so sehr, dass ich denke, ich hätte zwei Seelen in meiner Brust, die widereinander streiten. Aber genauso kann ich mich versöhnen(lassen) mit mir, mit meinem Nächsten, mit Gott und der Schöpfung.
Im Zustand der Verzweiflung ist dieser Dialog abgebrochen und verstummt. Seelsorge sorgt dafür dass dieser Dialog nicht abbricht und Zweifel nicht umschlägt in Verzweiflung. Positiv ausgedrückt. Seelsorge sorgt sich um Versöhnung, um versöhnten Dialog, um Verständigung miteinander.

Daran sind auch Erwartungen geknüpft:

Die Bibel sagt uns: Liebe ! Lass immer eine Brücke entstehen. Mit Jesu Worten: Du sollst den Herrn, deinen Gott, von ganzem Herzen, von ganzer Seele, mit all deinen Gedanken und all deiner Kraft lieben...Liebe deinen Nächsten wie dich selbst. Markus 12, 29-31
Mein Gesprächspartner erwartet ein: Ich bin OK. Du bist OK. Oder zumindest die Entwicklung den Prozess der Verständigung miteinander, hin zu diesem Menschenbild. Hier gilt es jedoch auch Spannungen auszuhalten, denn mein Menschenbild oder das meines Gesprächspartners kann auch lauten:

Ich bin OK. Du bist nicht OK. Oder Ich bin nicht OK. Du bist OK. Oder aber auch Ich bin nicht OK. Du bist nicht OK.

In der konkreten Seelsorge bedeutet dies, der Dialog/ das Gespräch ist immer offen. Ein wechselseitiges Geschehen, ein gemeinsamer Weg mit offenem Ausgang oder Ziel. Das Finden von Beziehung zueinander, durch aktives Zuhören, durch freudig erregte Aufmerksamkeit und Zuwendung, die meinem Gesprächspartner das Gefühl verleiht: Ich bin einzigartig, ernstgenommen, angenommen, wie ich bin, in meiner ganzen Beseeltheit. Ich bin nicht allein, ich fühle mich begleitet auf meinem Weg. So ist Seelsorge wechselseitiges Gespräch und geschwisterliche Tröstung. Hören. Zuhören. Schweigen. Aushalten. In Beziehung sein. Eingebunden sein in die liebevolle Zuwendung Gottes, in sein menschenliebendes Handeln und Heilen durch Jesus Christus.

Für mich bedeutet das, selbst heil zu sein, heil zu werden, für meine Seele zu sorgen, sorgen zu lassen. Hier weiß ich mich getragen und angenommen durch Jesus Christus und begleitet durch den Heiligen Geist, als den Tröster und Geber aller guten Gaben in Erkenntnis und Wahrheit, dem ich immer mehr Raum in mir geben möchte.

3.0. Infos zum Studium

Liebe Leserin, lieber Leser,

ganz sicher ist Ihnen aufgefallen, dass manche Zusammenhänge in dieser Veröffentlichung unklar geblieben sind.

Diese Verständigungslücken habe ich bewusst gewählt.

So fehlen hier die kompletten Fragestellungen für die einzelnen Studienbriefe, sowie auch die Gesprächsprotokolle, auf deren Bearbeitung Sie hier immer wieder gestoßen sind.

Auch das Studienmaterial und die dazugehörige Begleitliteratur, die mir zur Bearbeitung dieser Studienbriefe zur Verfügung standen, ist Ihnen verschlossen geblieben.

Wenn Sie diese Lücken füllen wollen oder wenn Sie sich selbst auf Ihren Weg zu sich selbst begeben wollen, dann möchte ich Sie an dieser Stelle unbedingt dazu ermutigen.

Alle Informationen zum Studium Seelsorger/in in dieser Form bekommen Sie von der Akademie für ganzheitliche Lebens- und Heilweisen ALH. Besuchen Sie dazu einfach folgende Internetseite: http://www.alh-akademie.de/studienangebote/seelsorger.shtml .

Alle hier lesbaren Gedankengänge sind 2008 und 2009 entstanden.

Mittlerweile habe ich mich auch persönlich weiterentwickelt. Wenn Sie meine Weiterentwicklung verfolgen wollen, dann können Sie dies gern tun und auf meiner Internetseite stöbern: http://www.joerganschuetz.de .

Gern können Sie mir dort auch Ihr Feedback hinterlassen.

Ich wünsche Ihnen eine beziehungsreiche Zeit in Beziehung zu sich selbst, zum Nächsten, zu Gott.

Jörg Anschütz

Halle im Oktober 2010

Herstellung und Verlag:
BoD - Books on Demand, Norderstedt
ISBN 978-3-8423-3127-3